보니아라

테이프공예

초판 1쇄 인쇄 2019년 6월 21일
초판 1쇄 발행 2019년 7월 1일

지은이   보니아라
발행인   임충배
홍보/마케팅   양경자
편집   장혜정, 조은영
디자인   여수빈, 정은진
펴낸곳   마들렌
제작   (주)피앤엠123

출판신고 2014년 4월 3일
등록번호 제406-2014-000035호

경기도 파주시 산남로 183-25
TEL 031-946-3196 / FAX 031-946-3171
홈페이지 www.pub365.co.kr

ISBN 979-11-90101-01-1 13630
© 2019 PUB.365 & 보니아라

이 도서의 국립중앙도서관 출판예정도서목록(CIP)은 서지정
보유통지원시스템 홈페이지(http://seoji.nl.go.kr)와 국가자료
공동목록시스템(http://www.nl.go.kr/kolisnet)에서 이용하실
수 있습니다.
(CIP제어번호: CIP2019020071)

보니아라?

"보니까 알아요" (보니까? 아라요!)

보니는 남학생, 좌뇌를 상징하고요, 아라는 여학생, 우뇌를 상징합니다.
보니아라의 귀여운 캐릭터 보니(코알라)와 아라(토끼)의
이름이기도 합니다.

보니아라!

2001년 설립
국내 최초로 테이프 공예를 선보인 기업으로
다양하고 재미있는 아이템을 끊임없이 연구, 개발하고 있습니다.
독특한 소재와 아름다운 디자인으로 제품의 퀄리티를 높였으며,
누구나 쉽고 즐겁게 테이프 공예를 할 수 있도록 동영상과 사진 등
많은 콘텐츠들을 제작하여 배포하고 있습니다.
국내 디자인 덕트 테이프 시장의 활성화에 기여함과 동시에
미국 시장도 활발히 공략하고 있습니다.

보니아라 홈페이지
www.boniara.com

카페
www.boniara.net

공예
www.boniara.kr

차 례

Preparation

- 기본 도구 소개   06 page
- 부자재 소개   08 page
- 보니아라 테이프 소개   210 page

Class 01

생활용품 만들기

01 리본핀   12 page

02 헤어밴드   18 page
03 선캡   24 page
04 다용도 정리함   28 page
05 연필꽂이   34 page
06 풍차 메모판   40 page
07 휴지 커버 (두루마리)   46 page
08 각티슈 커버   54 page

Class 02

파우치와 가방 만들기

01 미니 파우치   62 page

02 멀티 파우치   68 page
03 삼각 파우치   74 page
04 사각 파우치   80 page
05 통통 필통   86 page
06 삼각 필통   92 page
07 사각 필통   98 page
08 미니 보조가방   104 page
09 에코백   110 page

Class 03

리폼과 재활용

Class 04

아이와 함께

커팅 매트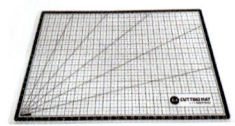
테이프를 자를 때 사용합니다.
커팅 매트에 테이프를 살짝 붙인 뒤, 칼을 이용하여 필요한 크기로 테이프를 자릅니다.

스테이플러
테이프 공예에서 바느질이나 재봉틀 대용으로 사용합니다.
도안이나 부자재를 움직이지 않게 고정할 때 사용합니다.

칼
테이프나 도안, opp 비닐 등을 자를 때 사용합니다.

가위
도안이나 opp 비닐, 부자재 등을 자를 때 사용합니다.

자
테이프나 도안 등을 자르거나 길이를 잴 때 사용합니다.

송곳  우유팩 등 재료에 구멍을 뚫을 때 사용합니다.

글루건  가방 끈이나 바이어스 등을 붙일 때 사용합니다.
테이프의 접착 면에 사용할 경우 더 튼튼하게 작품을 마무리할 수 있습니다.

마감 테이프  파우치와 가방 등을 만들 때 바이어스 대용으로 사용합니다.
보니아라 덕트 테이프로 대체할 수 있습니다.

양면테이프 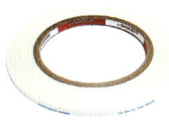 지퍼 등 부자재를 고정할 때 사용합니다.

실  리본의 주름을 만들 때 사용합니다.

지퍼  파우치를 만들 때 사용합니다.

opp 비닐  파우치, 가방을 만들 때 사용합니다. 마트 봉지, 위생팩 등으로 대체 가능합니다.

링  파우치를 꾸밀 때 사용합니다. 주로 지퍼의 손잡이에 연결합니다.

볼 체인 파우치를 꾸밀 때 사용합니다. 주로 지퍼의 손잡이에 연결합니다.

라벨  파우치, 가방 등을 꾸밀 때 사용합니다.

머리띠  테이프를 감아서 꾸미거나, 선캡을 만들 때 사용합니다.

핀대  리본핀을 만들 때 사용합니다.

폼보드  생활소품을 만들 때 사용합니다. 테이프 공예에서는 주로 두께 3mm의 제품을 사용합니다.

침 핀  폼보드를 고정할 때 사용합니다.

벨크로		파우치나 가방을 만들 때 사용합니다.
털 볼		파리의 몸통 등에 사용합니다.
무빙 아이		동물의 눈을 표현할 때 사용합니다.
공예용 볼펜		테이프를 얇게 잘라 붙여서 꾸밀 때 사용합니다. 일반 볼펜으로 대체 가능합니다.
종이컵		움직이는 무당벌레 만들기에 사용합니다.
끈		우유팩 선물상자, 움직이는 무당벌레를 만들 때 사용합니다.
빨대		움직이는 무당벌레, opp 물고기를 만들 때 사용합니다.
아이스크림 스틱		꽃게, 잠자리를 만들 때 사용합니다.
철사		잠자리, 나비 볼펜, 움직이는 무당벌레를 만들 때 사용합니다.

TAPE CRAFT

Class 01

생활용품 만들기

리 본 핀

□ 테이프　　　□ 실　　　□ 글루건　　　□ 가위　　　□ 커팅 매트

□ 핀대　　　□ 양면테이프　　　□ 칼　　　□ 스테이플러

☑ 준비되어 있다　　　□ 준비되어 있지 않다

01

02

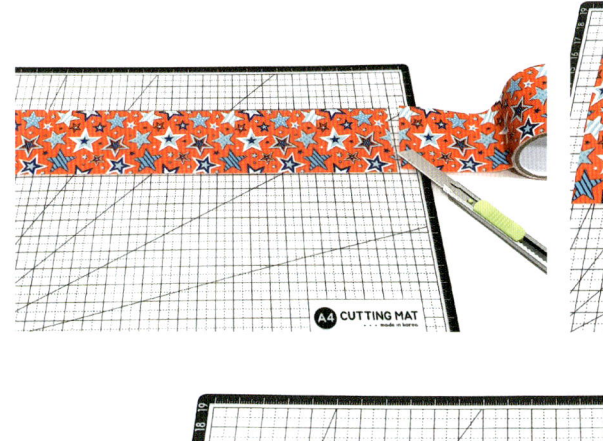

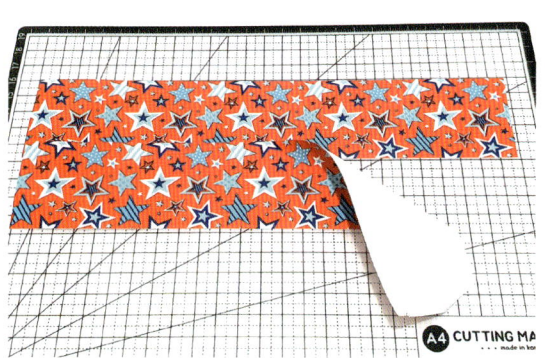

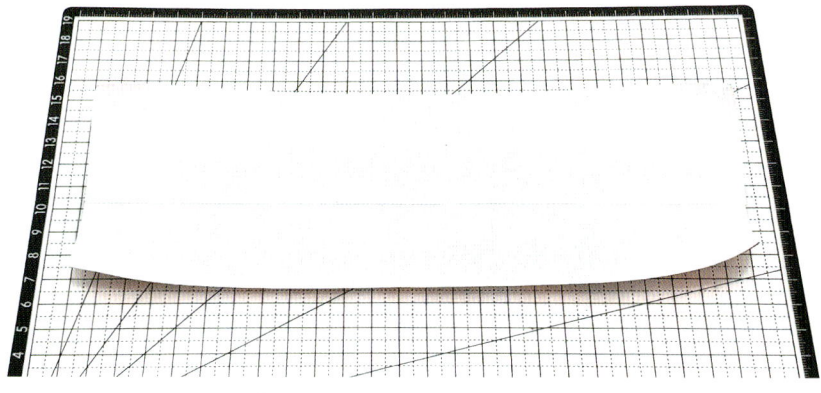

03

01   테이프를 25cm 길이로 자릅니다.

02   테이프를 25cm 길이로 하나 더 자른 뒤, [1번]에서 자른 테이프에 1cm 정도 겹쳐서 붙입니다.

03   끈적한 쪽이 위로 오도록 뒤집습니다.

04

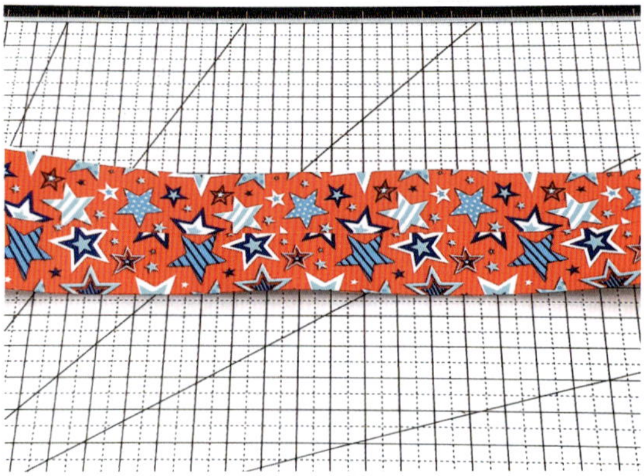

05

06

04   아래쪽을 2cm 정도 접어서 붙입니다.

05   남아 있는 위쪽을 아래쪽으로 접어 붙여 리본의 형태로 만듭니다.

06   테이프로 만든 리본의 중앙에 양면테이프를 붙입니다.

리 본 핀

07

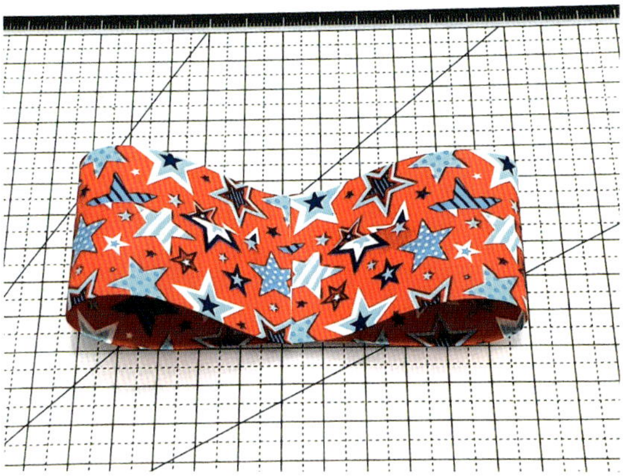

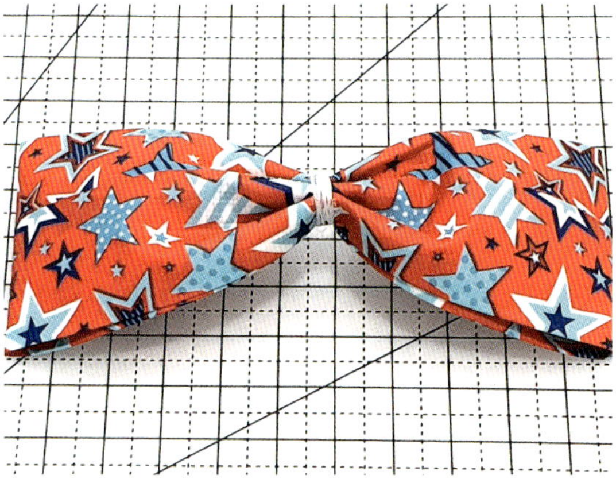

08

09

07   양면테이프의 종이를 떼어내고 리본의 양쪽 끝을 양면테이프에 붙입니다.

08   리본의 중앙을 실로 묶습니다.

09   테이프를 1cm 폭으로 자릅니다.

1
5

10

11

10 1cm 폭으로 자른 테이프를 리본 중앙의 실이 보이지 않게 감싸서 붙입니다.

11 글루건을 이용하여 리본의 뒤쪽에 핀대를 붙입니다.

완성 리본핀이 완성되었습니다.

완성

Q : 보니아라 테이프는 어떤 제품인가요?

청테이프처럼 튼튼한 재질에 특수 코팅을 하여 생활방수가 되며, 안전인증까지 받은 공예
용 디자인 덕트 테이프입니다.

40p에 실려있는 풍차 메모판(I) 도안입니다.

6cm

②

10cm

6cm

①

10cm

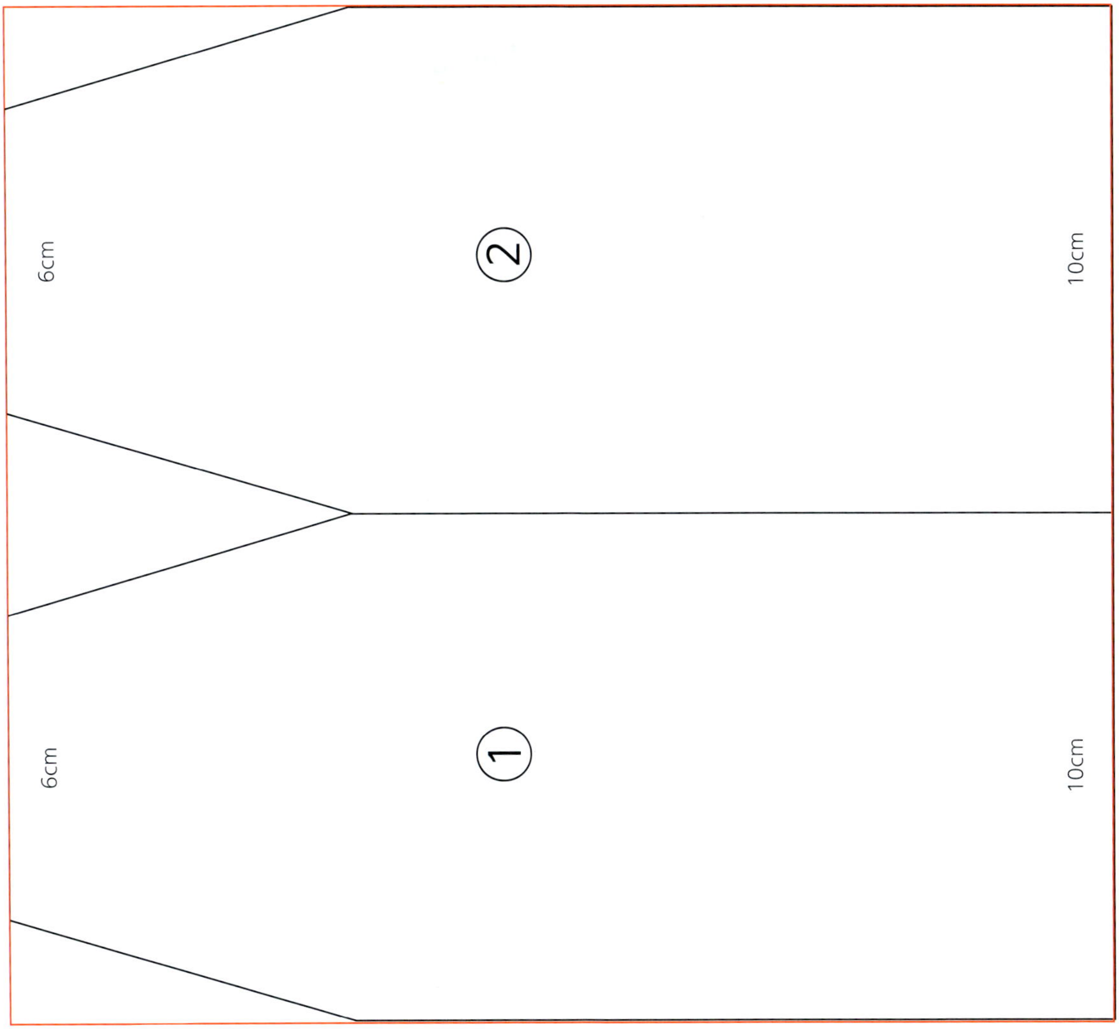

* 본 도안은 실제 크기보다 축소된 사이즈입니다.

헤어밴드

□ 테이프   □ 실   □ 글루건   □ 가위   □ 커팅 매트

□ 머리띠   □ 양면테이프   □ 칼   □ 스테이플러

☑ 준비되어 있다   □ 준비되어 있지 않다

01

02

03

04

✂

01	테이프를 길이 25cm, 폭 1.5cm 크기로 길게 자릅니다.
02	1.5cm 폭으로 자른 테이프를 머리띠의 끝부분에 사선으로 붙입니다.
03	머리띠를 감싸서 붙입니다.
04	머리띠를 전부 감싸서 붙인 모습입니다.

05

06

07

05   테이프를 25cm 길이로 자릅니다.

06   테이프를 25cm 길이로 하나 더 자른 뒤, [1번]에서 자른 테이프에 1cm 정도 겹쳐서 붙입니다.

07   끈적한 쪽이 위로 오도록 뒤집습니다.

08

09

10

08   아래쪽을 2cm 정도 접어서 붙입니다.

09   남아 있는 위쪽을 아래쪽으로 접어 붙여 리본의 형태로 만듭니다.

10   테이프로 만든 리본의 중앙에 양면테이프를 붙입니다.

11

12

13

11 양면테이프의 종이를 떼어내고 리본의 양쪽 끝을 양면테이프에 붙입니다.

12 리본의 중앙을 실로 묶습니다.

13 테이프를 1cm 폭으로 자릅니다.

14

15

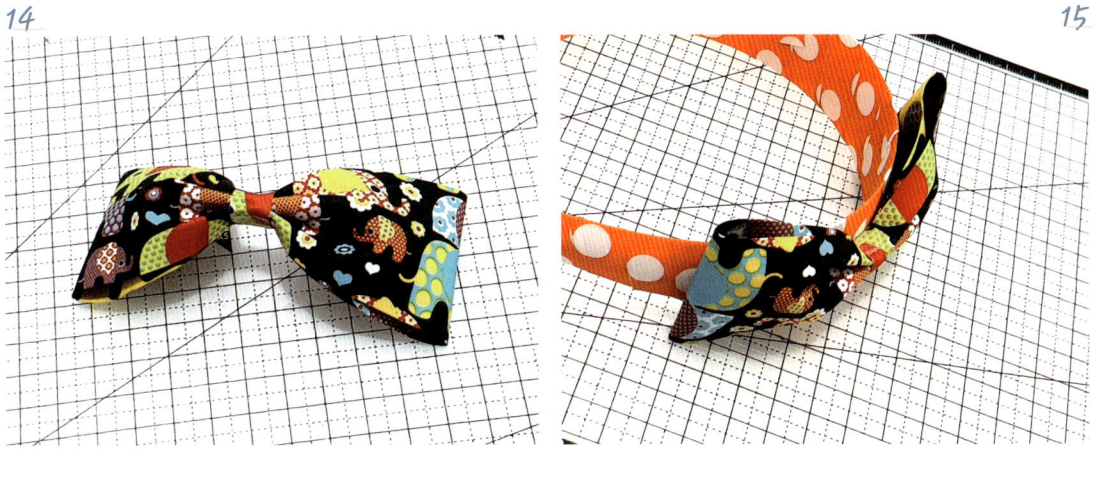

14   1cm 폭으로 자른 테이프를 리본 중앙의 실이 보이지 않게 감싸서 붙입니다.

15   글루건을 이용하여 머리띠에 리본을 붙입니다.

완성   헤어밴드가 완성되었습니다.

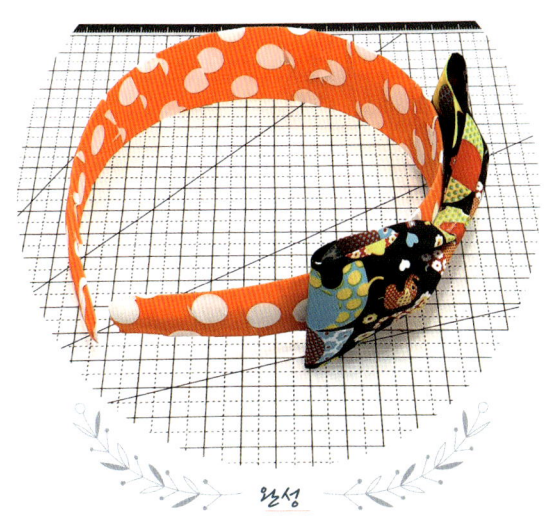

완성

03

선 캡

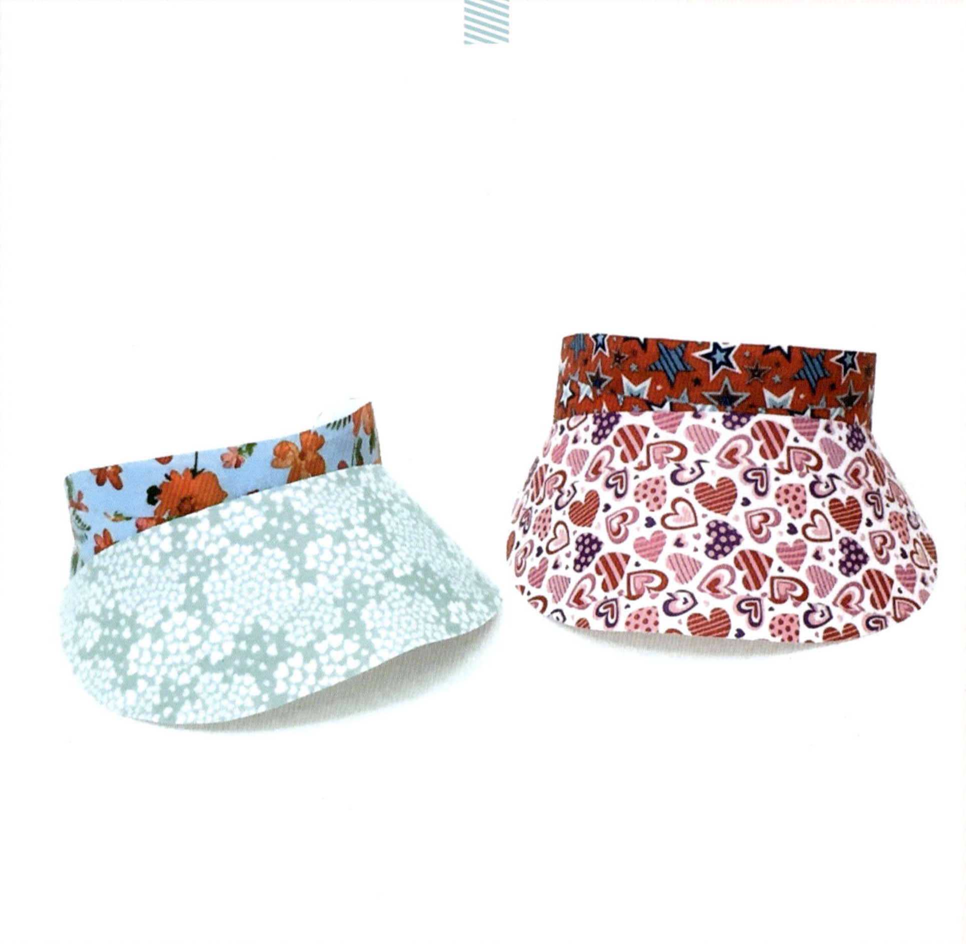

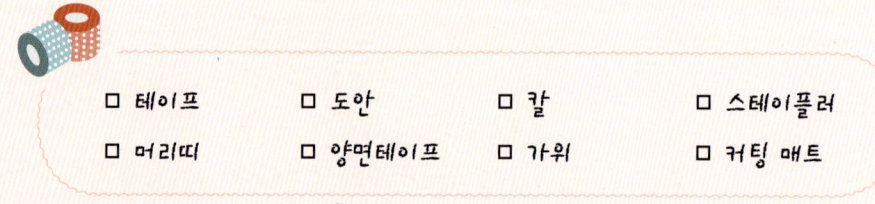

- ☐ 테이프
- ☐ 도안
- ☐ 칼
- ☐ 스테이플러
- ☐ 머리띠
- ☐ 양면테이프
- ☐ 가위
- ☐ 커팅 매트

☑ 준비되어 있다 ☐ 준비되어 있지 않다

01

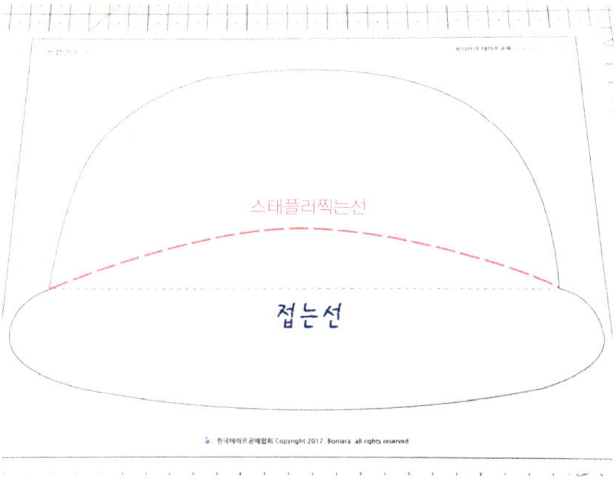

스태플러찍는선

접는선

02

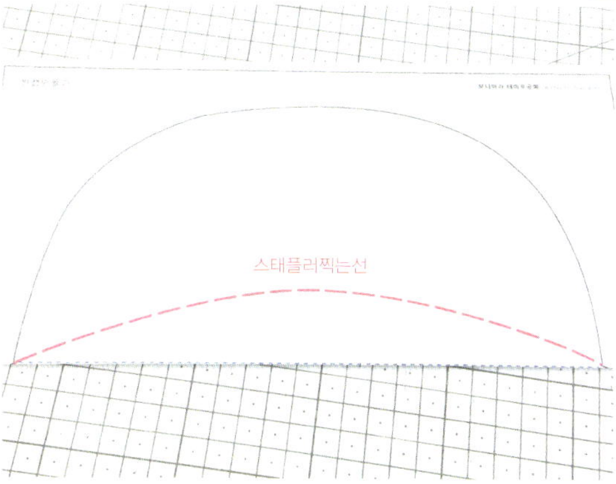

스태플러찍는선

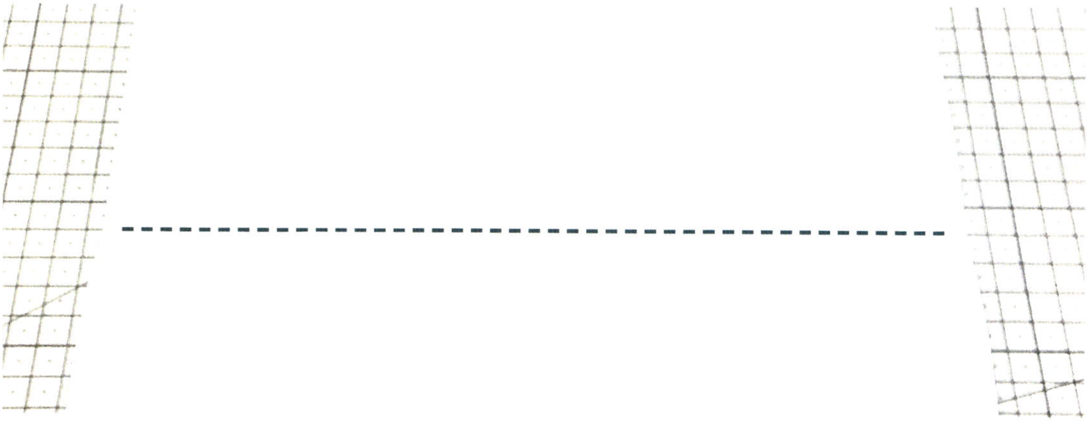

03

01 도안을 준비합니다.

02 [접는 선]을 따라 접습니다.

03 도안의 뒷면이 보이게 뒤집습니다.

04

05

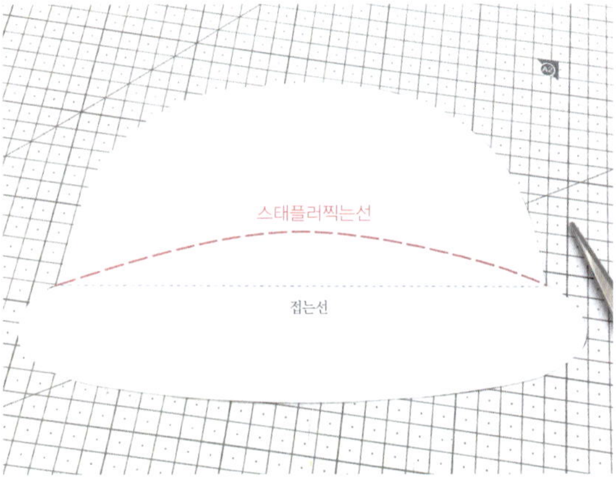

06

스태플러찍는선

잡는선

04   도안의 접힌 부분 아래쪽을 테이프로 2줄 붙입니다.

05   도안의 접힌 부분 위쪽을 다른 색상의 테이프로 3줄 붙입니다.

06   도안을 뒤집어 커팅라인대로 오립니다.

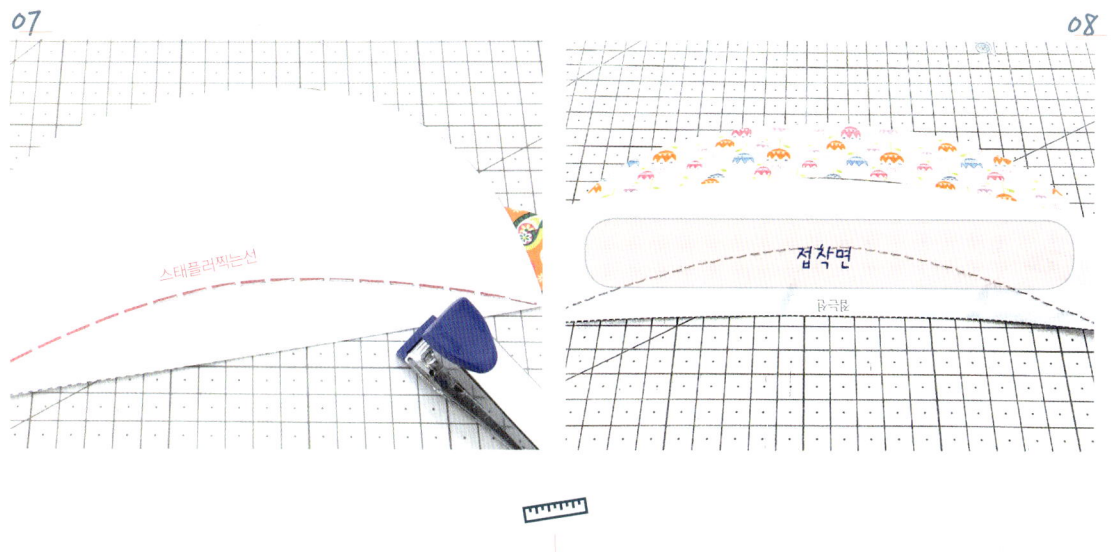

07 스태플러찍는선

08 접착면

07 사진처럼 접은 뒤 도안의 [스테이플러 찍는 선]을 따라 스테이플러로 촘촘히 찍습니다.

08 도안을 다시 뒤집어 도안의 [접는 선] 글씨가 거꾸로 보이게 놓은 뒤, 사진에 표시된 접착 면에 양면테이프를 붙입니다.

완성 양면테이프의 종이를 떼어 내고 머리띠에 붙여 주면 예쁜 선캡이 완성됩니다.

완성

04

다용도 정리함

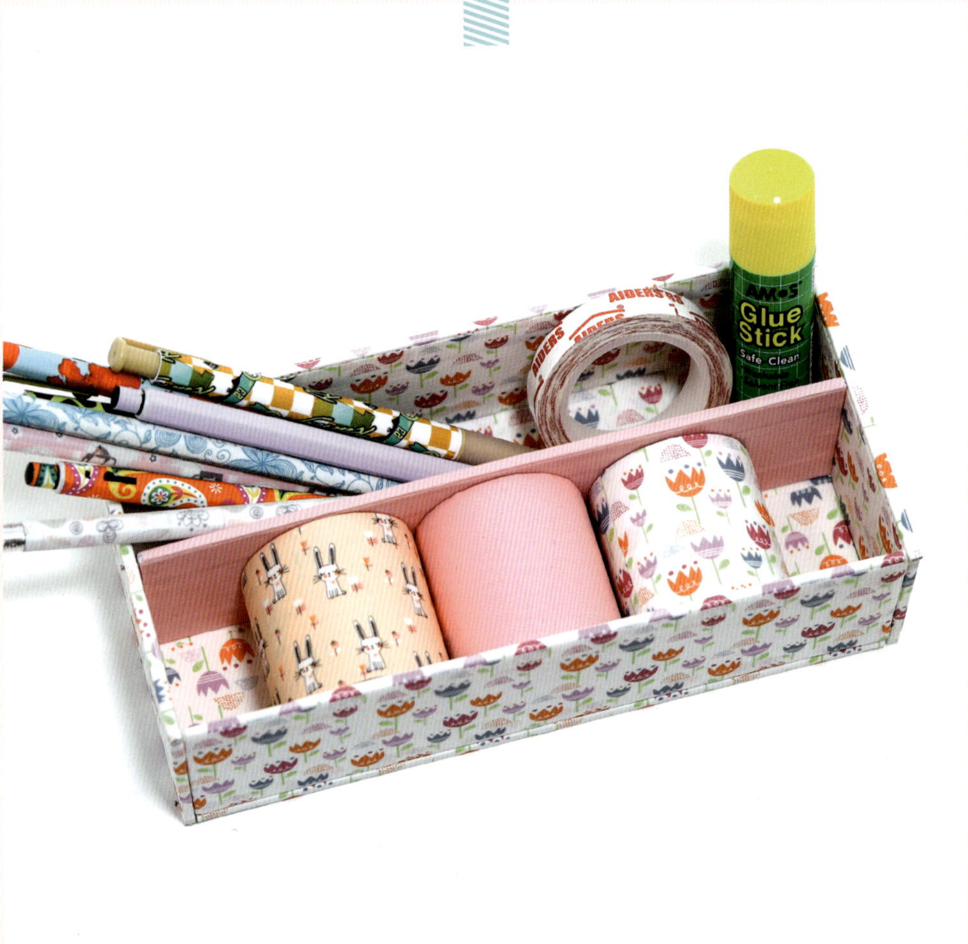

- ☐ 테이프
- ☐ 도안
- ☐ 풀
- ☐ 가위
- ☐ 폼보드
- ☐ 침 핀
- ☐ 칼
- ☐ 커팅 매트

☑ 준비되어 있다 ☐ 준비되어 있지 않다

01

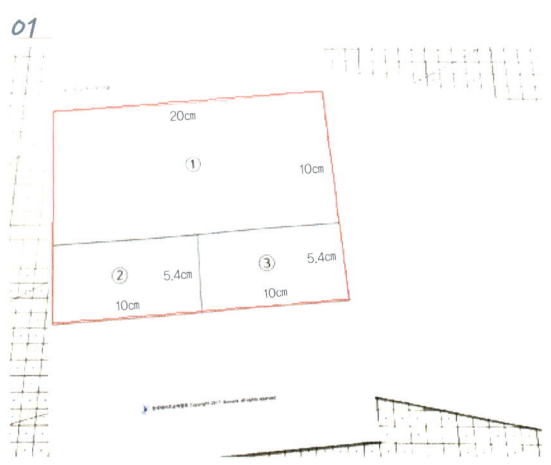

02

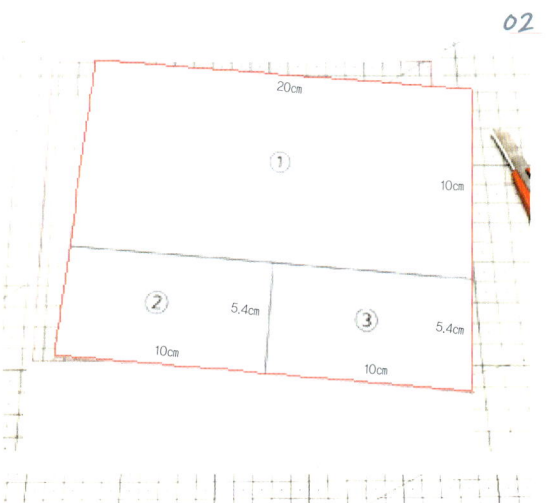

03

01   도안과 폼보드를 준비합니다.

02   도안의 붉은색 선을 따라 자릅니다.

03   도안의 뒷면에 풀칠을 합니다.

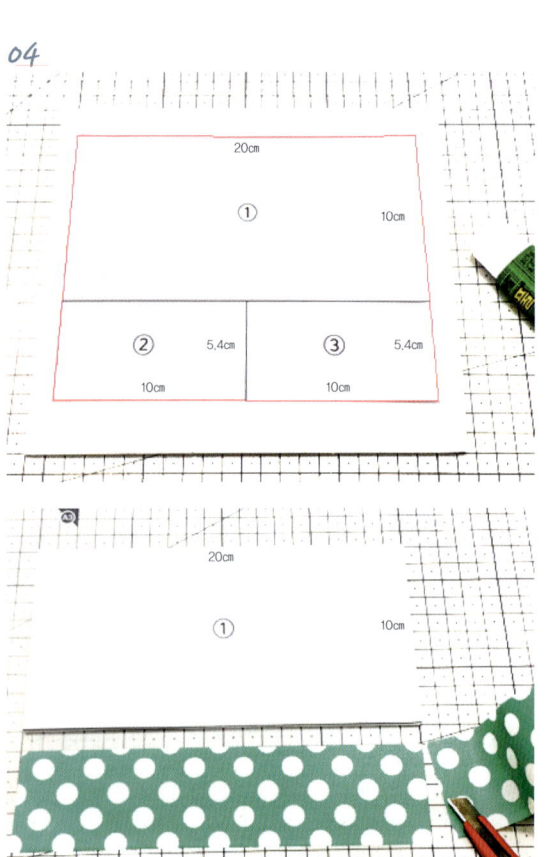

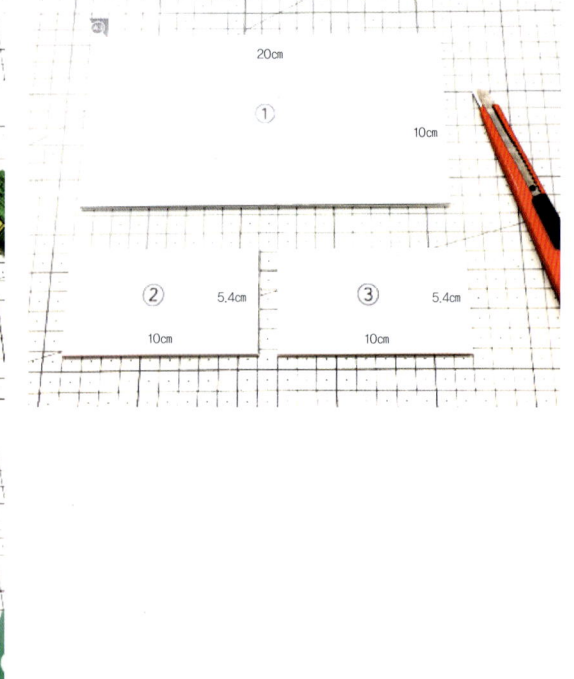

04   폼보드 위에 도안을 붙입니다.

05   검은색 선을 따라 자릅니다.

06   커팅 매트 위에 테이프를 살짝 붙여 1번 폼보드의 길이만큼 칼로 자릅니다.

07

08

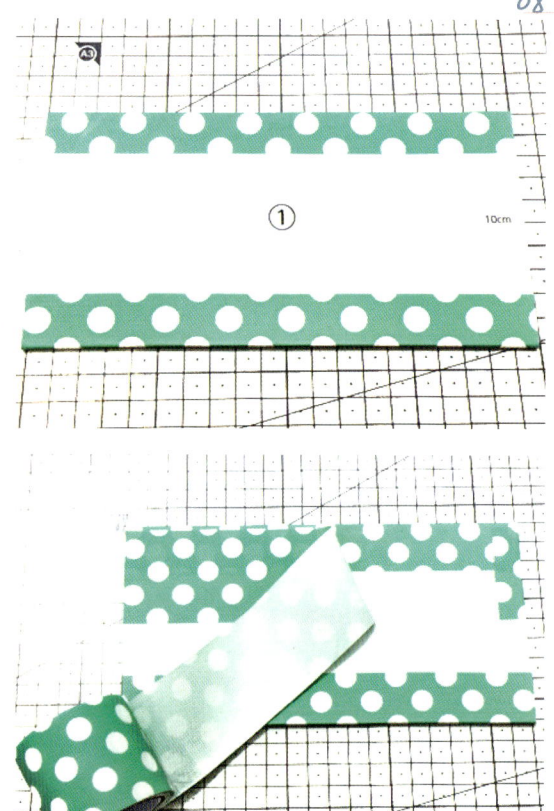

09

07   테이프를 떼어 1번 폼보드의 윗부분에 반 정도를 붙이고, 남은 부분은 접어서 뒷면에 붙입니다.

08   아래쪽도 같은 방법으로 붙입니다.

09   폼보드의 윗부분에 테이프를 1줄 붙이고, 뒤로 한 바퀴 돌려 감쌉니다.

10

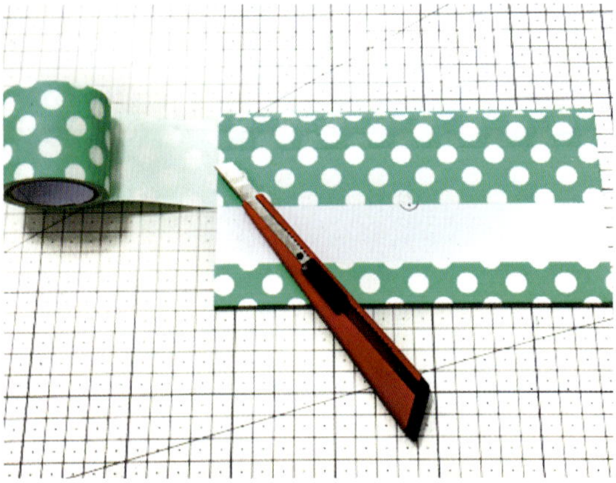

11

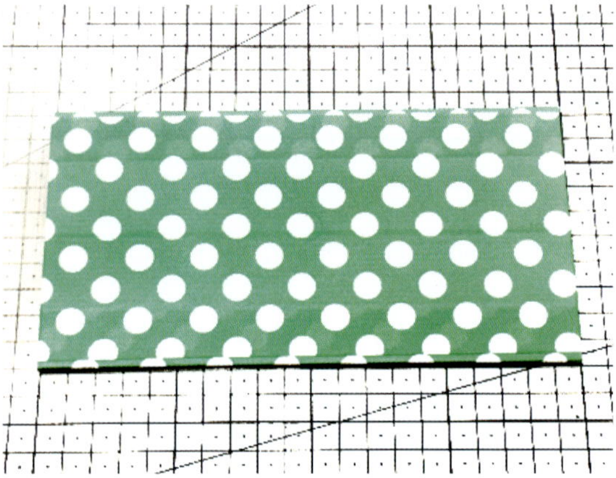

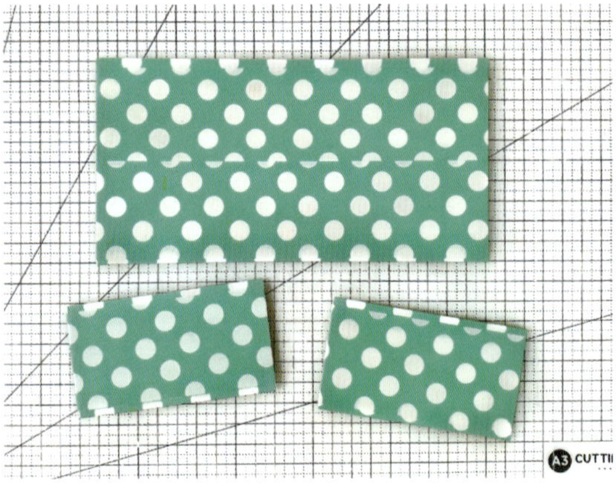

12

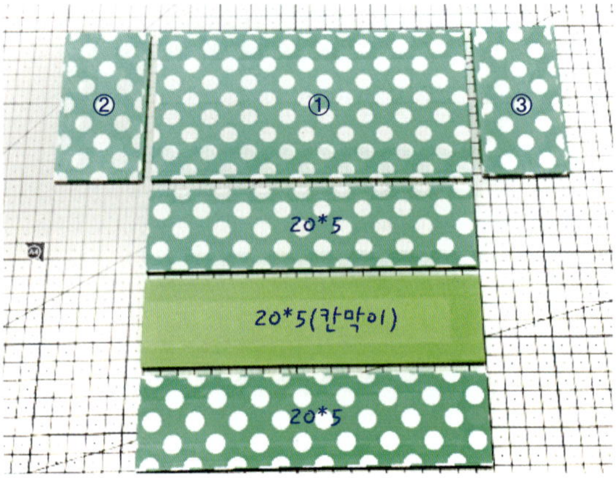

13

10 테이프를 칼로 자릅니다.

11 아래쪽도 같은 방법으로 한 바퀴 돌려서 붙입니다.

12 2번, 3번 폼보드 조각도 1번 조각처럼 테이프로 감쌉니다

13 도안을 자르고 남은 폼보드를 가로 20cm, 세로 5cm 크기로 3개 자른 뒤, 같은 방법으로 테이프를 붙입니다.

(칸막이로 사용할 조각은 다른 색상의 테이프를 사용하여 포인트를 줍니다.)

14

15

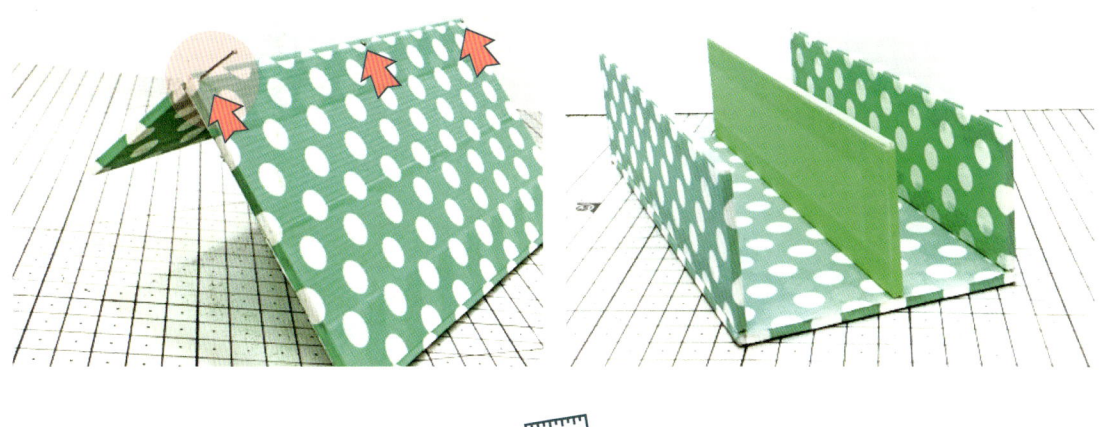

14 핀을 이용하여 큰 폼보드(바닥 부분) 위에 긴 폼보드(옆면 부분)를 고정합니다.
(핀은 3개 정도 꽂아 줍니다. 핀의 뾰족한 부분에 찔리지 않게 조심합니다.)

15 남은 폼보드 조각들도 같은 방법으로 고정합니다.

완성 튼튼하고 예쁜 다용도 정리함이 완성되었습니다.

완성

연필꽂이

☐ 테이프   ☐ 도안   ☐ 풀   ☐ 가위

☐ 폼보드   ☐ 침 핀   ☐ 칼   ☐ 커팅 매트

☑ 준비되어 있다   ☐ 준비되어 있지 않다

🔧 난이도 : ★★★☆☆   ⏱ 소요시간 : **40분**   🧰 테이프 소요량 : 250cm

01

02

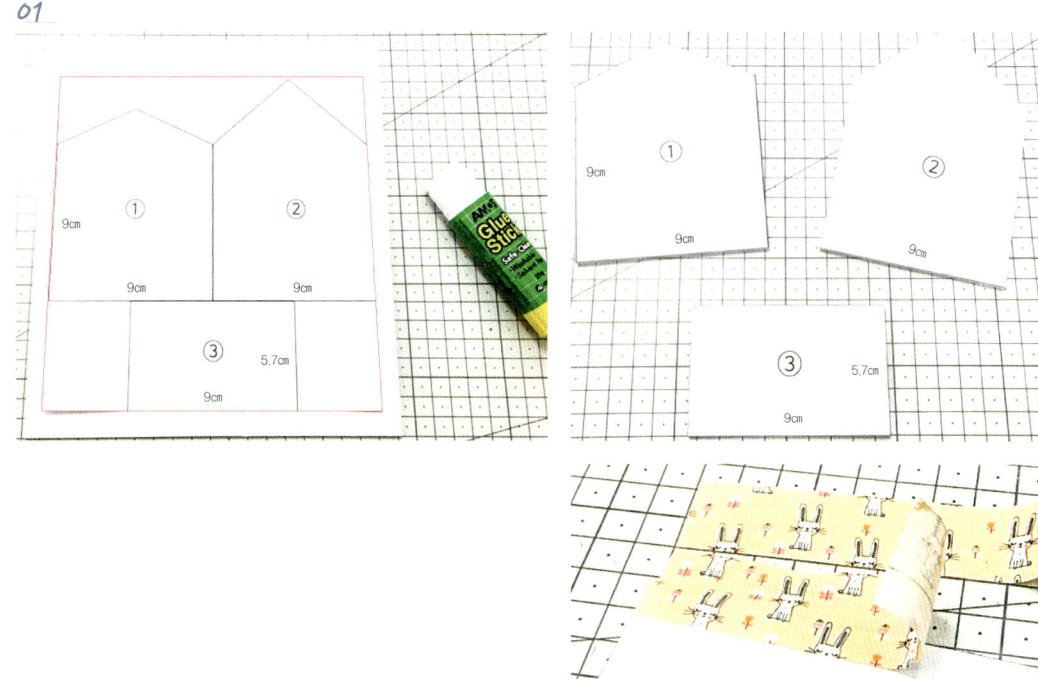

03

✂

01   도안의 붉은색 선을 따라 자른 뒤, 도안의 뒷면에 풀칠을 하여 폼보드에 붙입니다.

02   검은색 선을 따라 칼로 자릅니다.

03   커팅 매트 위에 테이프를 살짝 붙여 9cm 길이로 자른 뒤, 다시 중앙을 가로로 길게 잘라 사진
      처럼 폼보드의 윗부분을 덮어서 붙이고 남은 테이프로 뒤쪽을 감쌉니다.

04

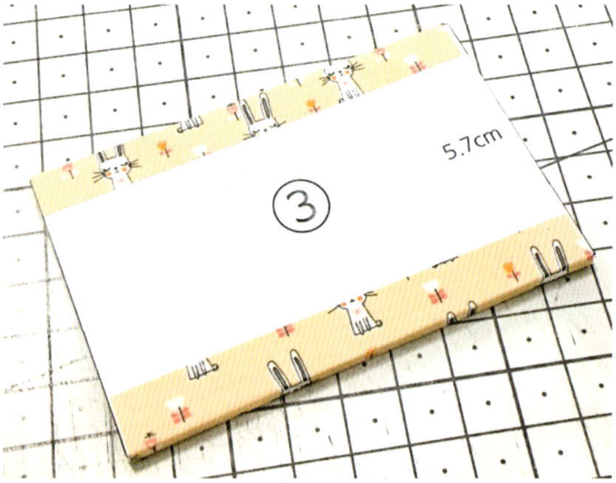

5.7cm

③

05

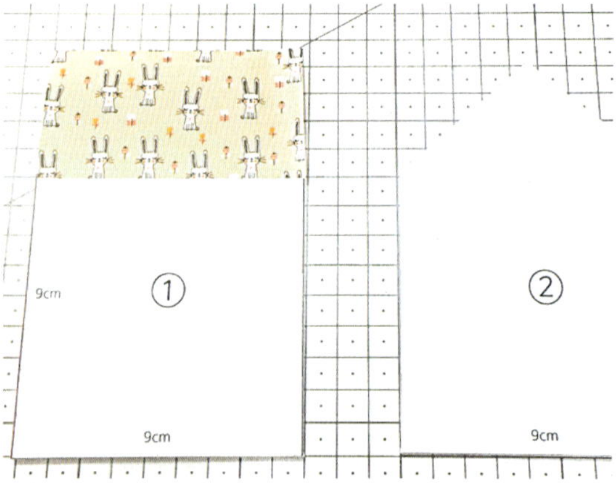

①

9cm

9cm

②

9cm

06

04   자르고 남은 반쪽 테이프로 아래쪽도 위쪽과 같은 방법으로 붙입니다.

05   테이프로 폼보드를 감싸듯 한 바퀴 돌려 붙인 뒤 칼로 잘라 연필꽂이의 바닥을 만듭니다.

06   폼보드의 뾰족한 지붕 부분에 사진처럼 테이프를 붙입니다.

       (1번과 2번 폼보드 모두 같은 방법으로 만듭니다.)

07

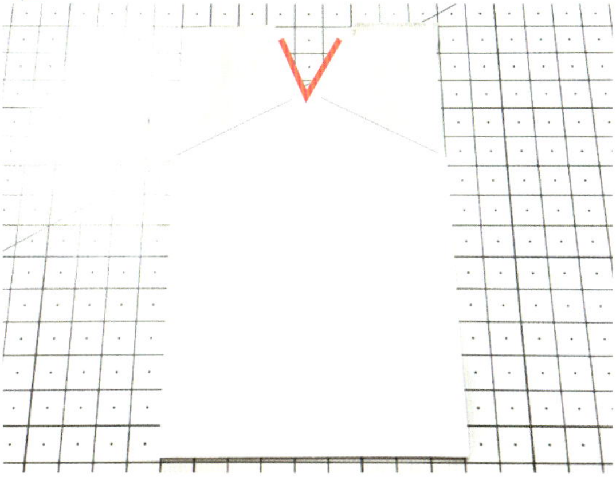

08

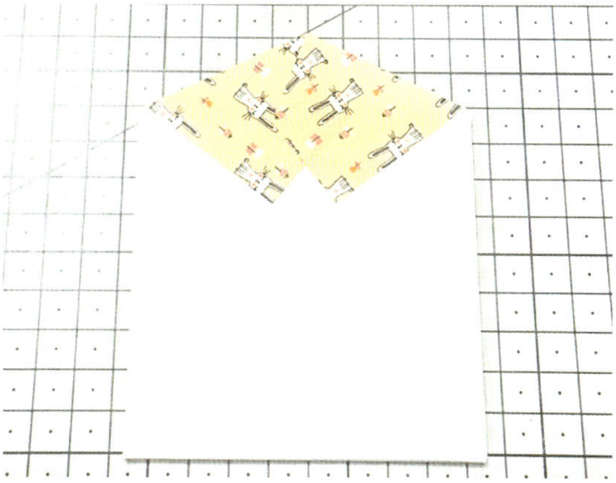

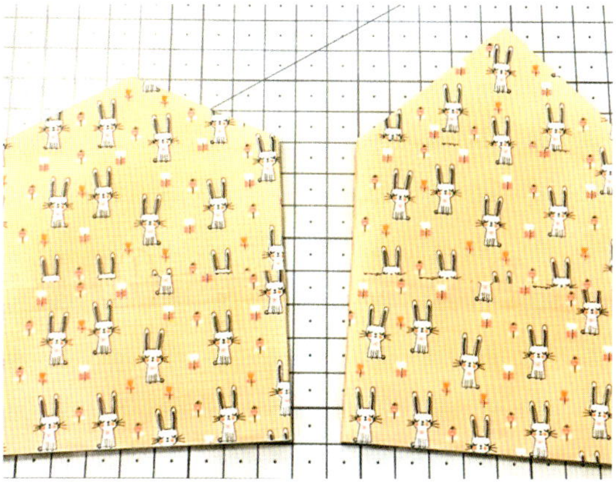

09

07   폼보드를 뒤집은 뒤 지붕의 뾰족한 꼭짓점을 기준, 사진과 같이 V형태로 테이프를 자릅니다.

08   테이프를 사진처럼 접어서 붙입니다.

09   남은 부분도 테이프로 예쁘게 붙입니다.

10

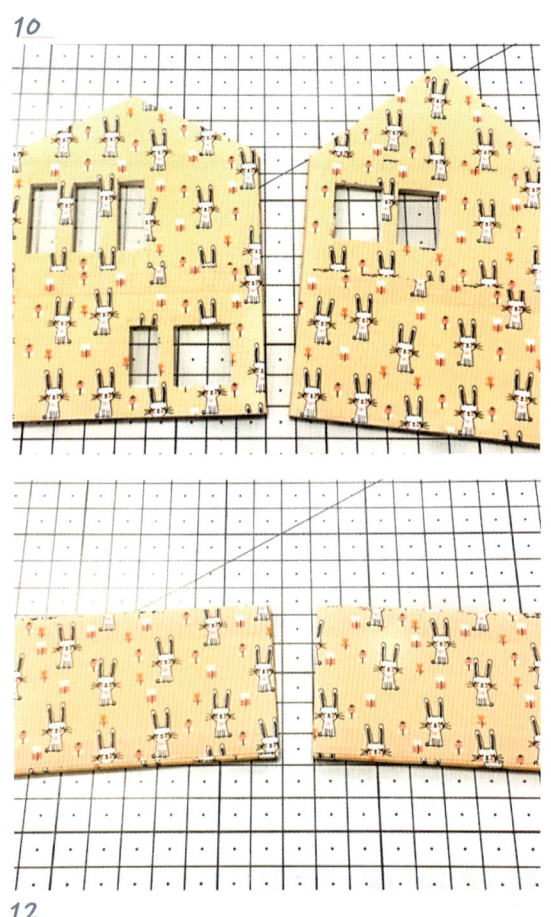

11

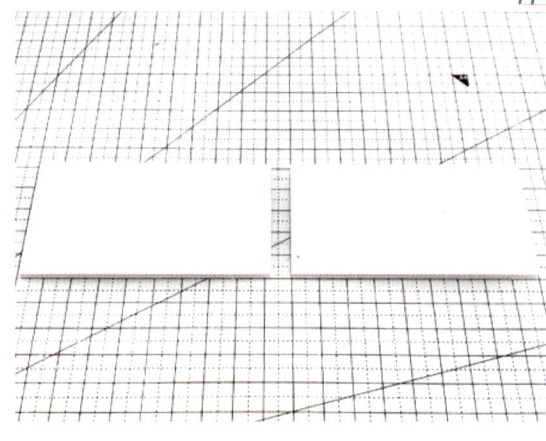

12

10   칼을 이용하여 원하는 위치에 창문과 문을 만듭니다.

11   폼보드를 가로 9cm, 세로 5cm 크기로 2개 자릅니다.

12   [3번~5번]과 같은 방법으로 테이프로 붙여서 연필꽂이의 벽을 만듭니다.

         (5번에서 완성한 바닥 부분과 혼동되지 않게 합니다.)

13

14

13 [5번]에서 만든 바닥 위에 창문이 있는 폼보드를 올려 침 핀으로 고정합니다.
(핀은 3개 정도 꽂아 줍니다. 핀의 뾰족한 부분에 찔리지 않게 조심합니다.)

14 남은 폼보드 조각들도 같은 방법으로 고정합니다.

완성 예쁘고 실용적인 연필꽂이가 완성되었습니다.

완성

풍차 메모판

□ 테이프　　　□ 도안　　　□ 풀　　　□ 가위

□ 폼보드　　　□ 침 핀　　　□ 칼　　　□ 커팅 매트

☑ 준비되어 있다　　　□ 준비되어 있지 않다

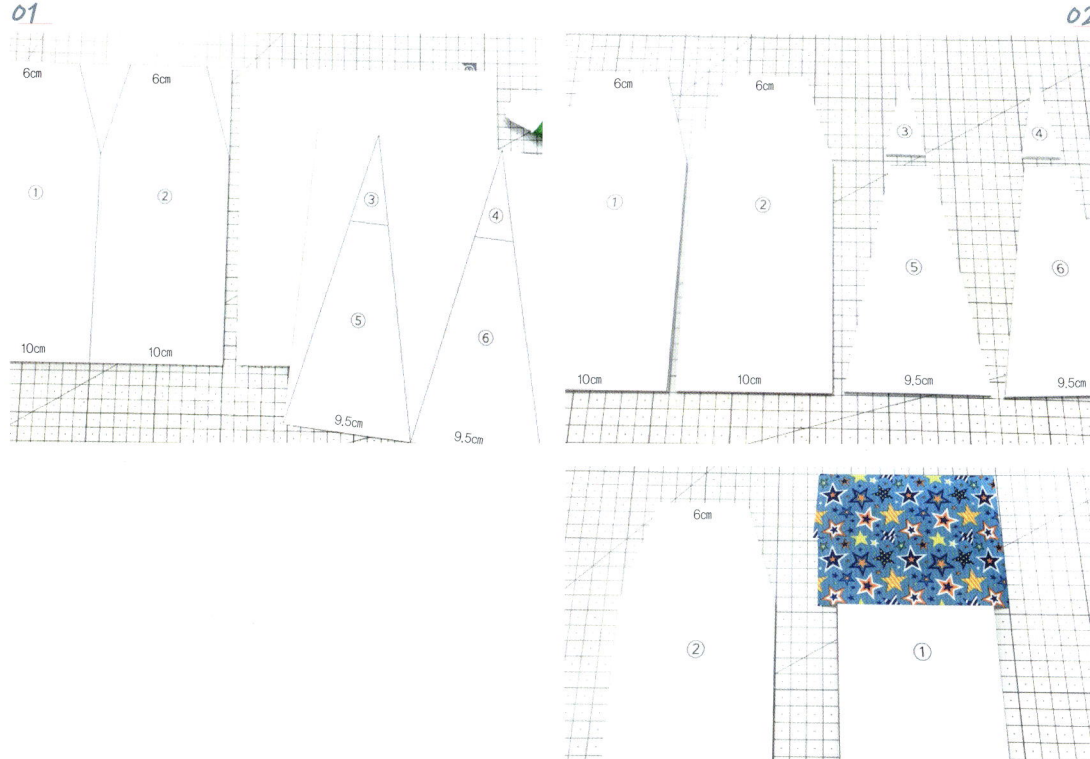

01 　도안의 붉은색 선을 따라 자른 뒤, 도안의 뒷면에 풀칠을 하여 폼보드에 붙입니다.

02 　커팅라인을 따라 칼로 자릅니다.

03 　폼보드의 지붕 부분에 사진처럼 테이프를 붙입니다.

　　　(1번과 2번 폼보드 모두 같은 방법으로 만듭니다.)

04

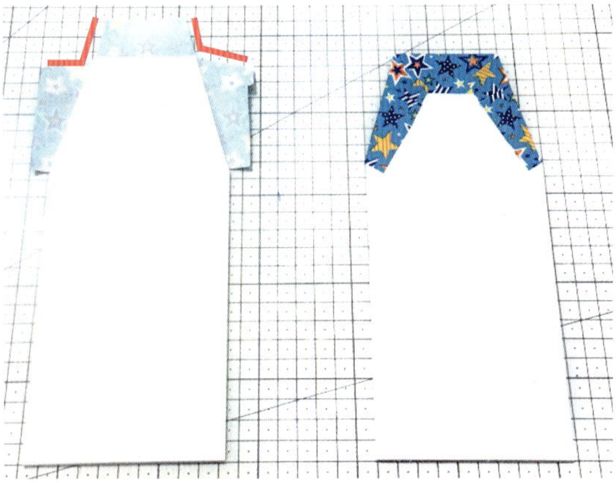

05

06

04   폼보드를 뒤집은 뒤, 사진의 붉은 선대로 테이프를 잘라 접어 붙입니다.

05   지붕 아래 부분을 다른 색상의 테이프로 붙입니다.

06   뒷면까지 한 바퀴 돌려 붙인 뒤, 칼로 자릅니다.

07

08

09

07   칼을 이용하여 원하는 위치에 창문과 문을 만듭니다.

08   남은 벽 부분도 [4번~6번]의 방법을 이용하여 테이프로 붙입니다.

09   사진에 보이는 화살표 위치에 침 핀을 꽂아서 폼보드 조각들을 고정합니다.
      (핀의 뾰족한 부분에 찔리지 않게 조심합니다.)

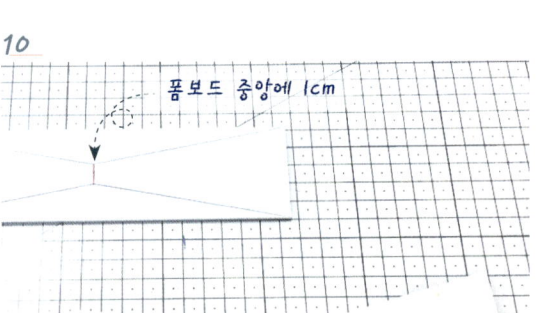

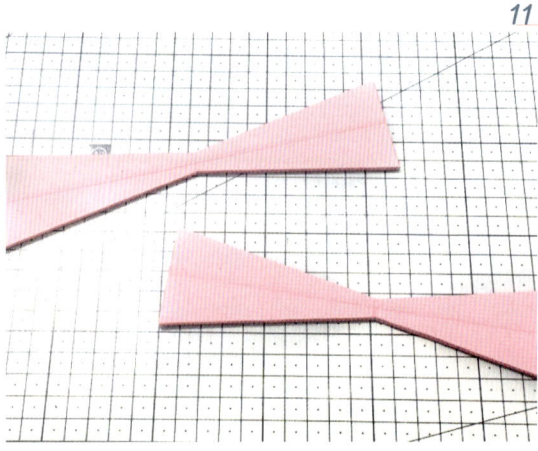

10 폼보드를 가로 20cm, 세로 5cm 크기로 2개 자른 뒤, 폼보드 중앙에 1cm 정도 선을 그려 모서리 부분과 연결하여 자릅니다.

11 날개의 앞면과 뒷면 모두 테이프를 붙여줍니다.

완성 침 핀을 이용하여 날개를 풍차에 고정하고, 바닥이 뚫린 것을 이용하여 풍차의 안쪽 창문에 메모지를 붙이면 풍차 메모판이 완성됩니다.

완성

Q : 보니아라 테이프에는 어떤 기능이 있나요?

· **붙이기** : 울퉁불퉁한 벽에 붙여도 떨어지지 않아 밋밋한 벽면을 장식하기 좋습니다.

· **떼어내기** : 점성이 부드럽고 떼어내기 쉬우며 떼어낸 후 자국이 남지 않습니다.

　　　　　유리병이나 수납함의 라벨로 깔끔하게 사용할 수 있습니다.

· **찢기** : 손으로 찢을 수 있고, 찢어낸 부분이 자연스럽게 연출되어 원단이 가지는 따스함을

　　　느낄 수 있습니다.

· **오리기** : 테이프에 프린트된 다양한 디자인을 오려서 스티커처럼 사용할 수 있습니다.

· **쓰기** : 테이프 위에 글씨 쓰기가 가능하여 다이어리, 편지지, 메모지 등을 꾸미는 용도로

　　　사용할 수 있습니다.

24p에 실려있는 선캡 도안입니다.

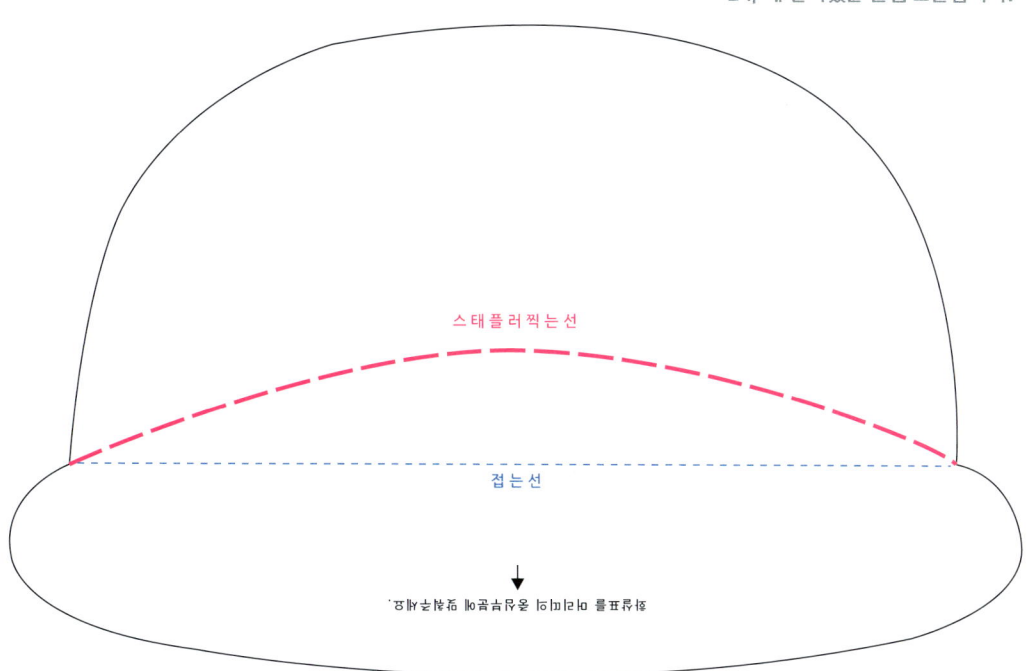

스태플러찍는선

접는선

↓

이미지를 프린트 후 중앙선을 중심으로 접어주세요.

* 본 도안은 실제 크기보다 축소된 사이즈입니다.

휴지 커버
(두루마리)

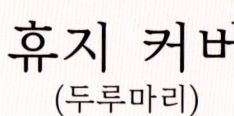

☐ 테이프　　☐ 도안　　　☐ 가위　　　☐ 커팅 매트

☐ 지퍼　　　☐ 칼　　　　☐ 스테이플러

☑ 준비되어 있다　　☐ 준비되어 있지 않다

01

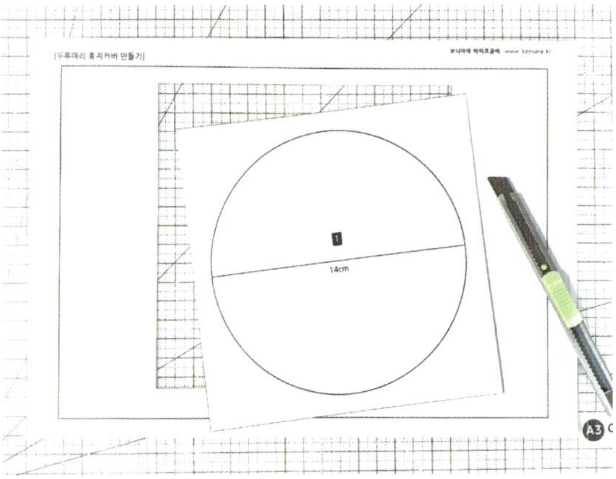

02

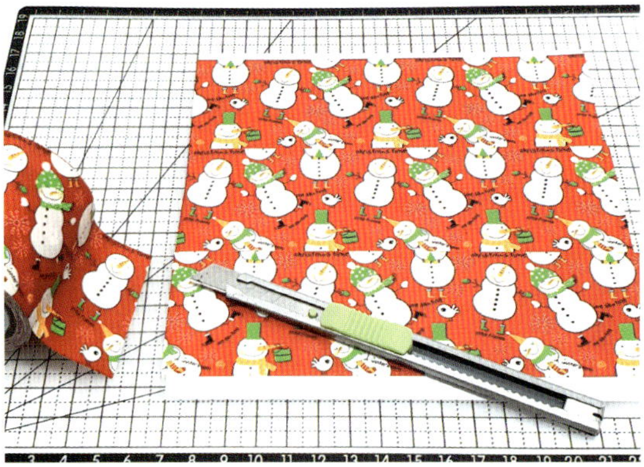

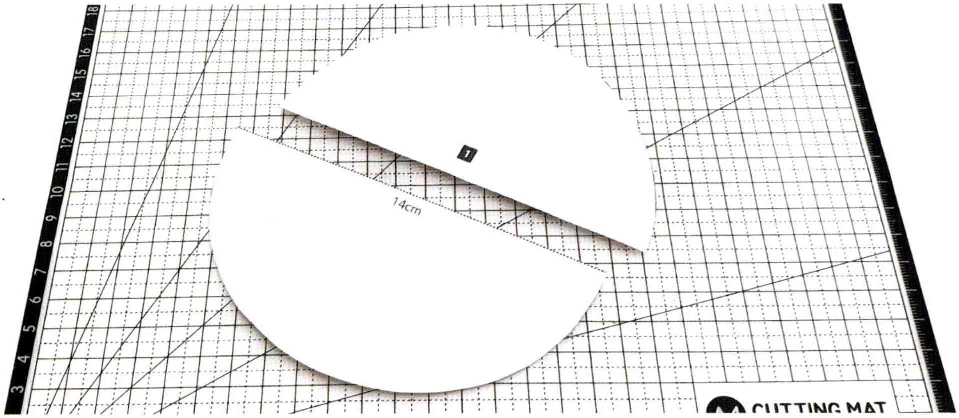

03

01　　1번 도안의 검은색 선을 따라 사각형 모양으로 자릅니다.

02　　도안의 뒷면에 테이프를 붙입니다.

03　　도안의 검은색 선을 따라 원형으로 자른 뒤, 다시 반으로 자릅니다.

04 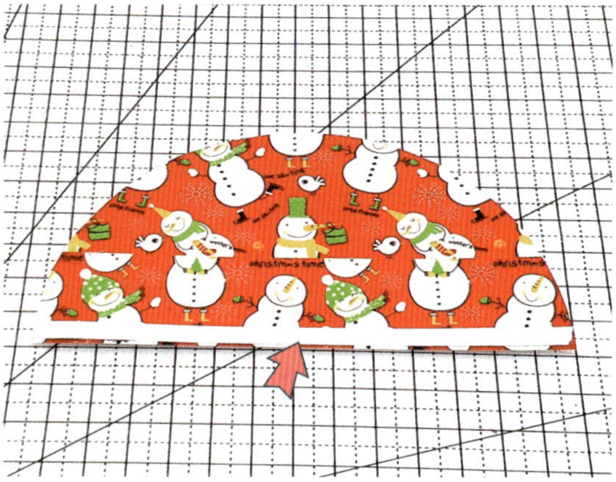
05 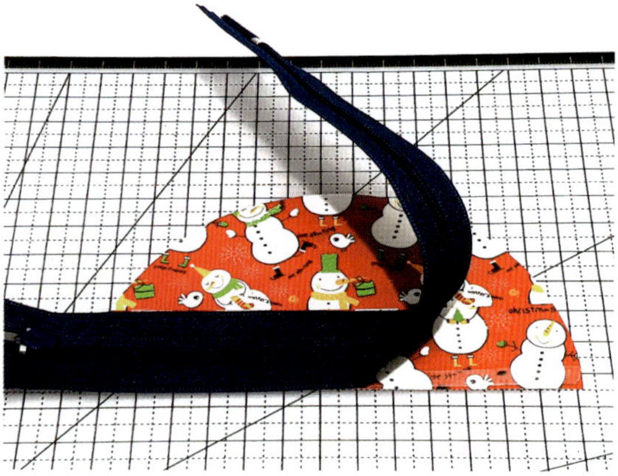 
06 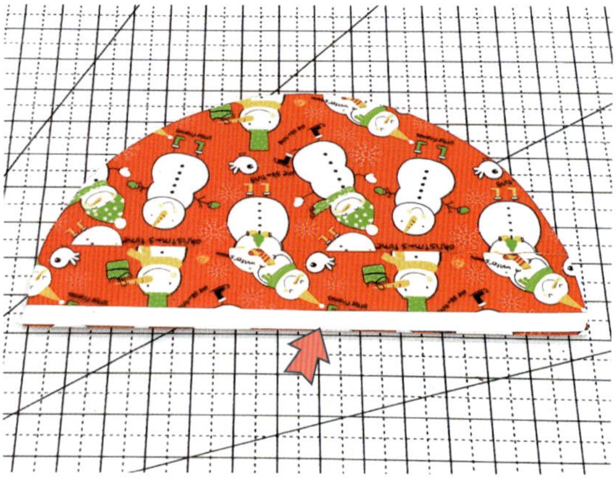
07

04   반으로 자른 도안의 사진과 같은 위치에 양면테이프를 붙입니다.

05   양면테이프의 종이를 떼고 양면테이프와 지퍼의 앞면(손잡이 있는 쪽)이 맞닿게 붙입니다.

06   지퍼의 중심 부분에서 아래로 약 5mm 떨어진 위치에 선을 그린 뒤, 선을 따라 스테이플러로
     일정하게 찍어 고정합니다.

07   남은 반쪽도 사진과 같은 위치에 양면테이프를 붙입니다.

08

09

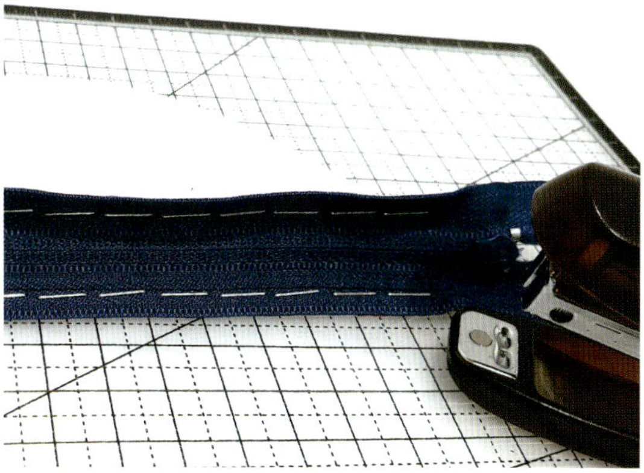

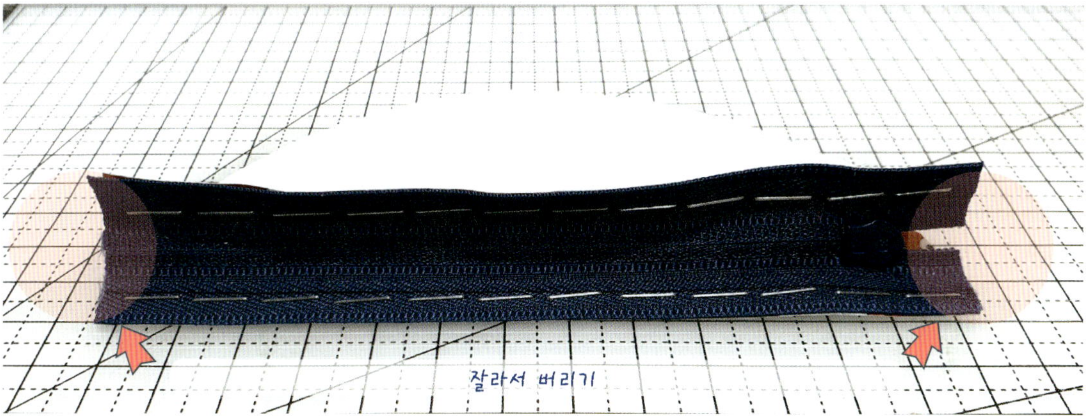

잘라서 버리기

10

08, 09 [5번~6번]의 과정을 반복합니다.

10 지퍼의 머리가 빠지지 않게 지퍼를 조금 열어 두고, 양쪽의 남은 부분은 잘라서 버립니다.

11

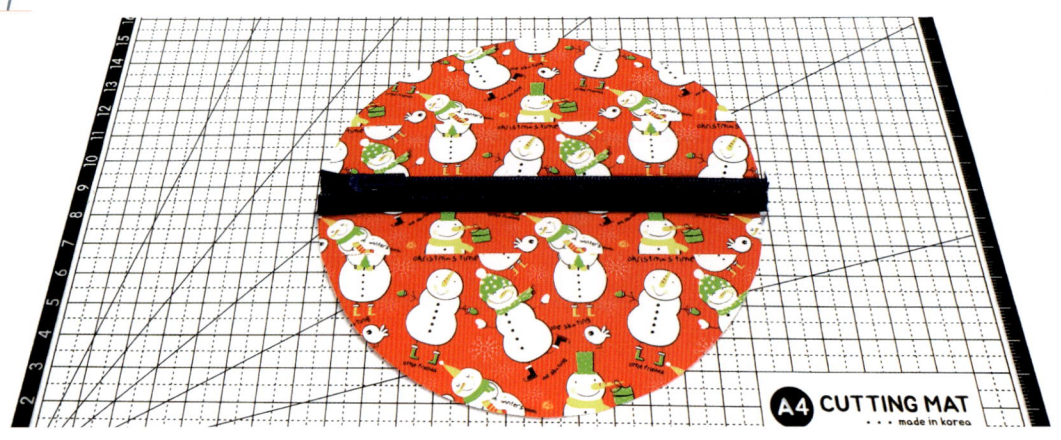

12

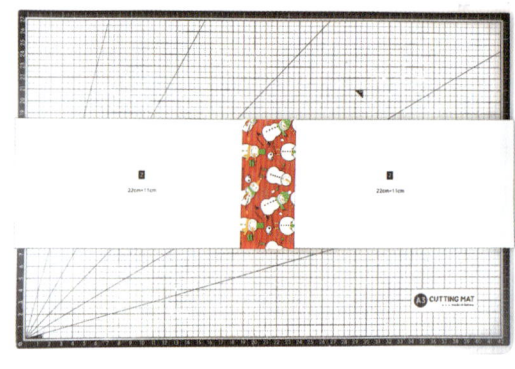

13

11   뒤집은 모습입니다.

12   2번 도안을 두 장 모두 검은색 선을 따라 자른 뒤 테이프로 이어 붙여 한 장의 도안으로 만듭니다.

13   도안의 크기에 맞춰 테이프를 붙입니다.

14

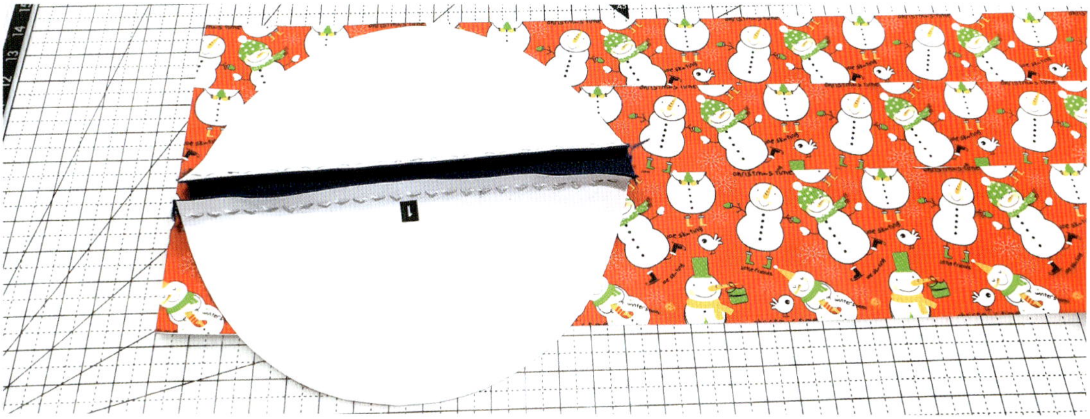

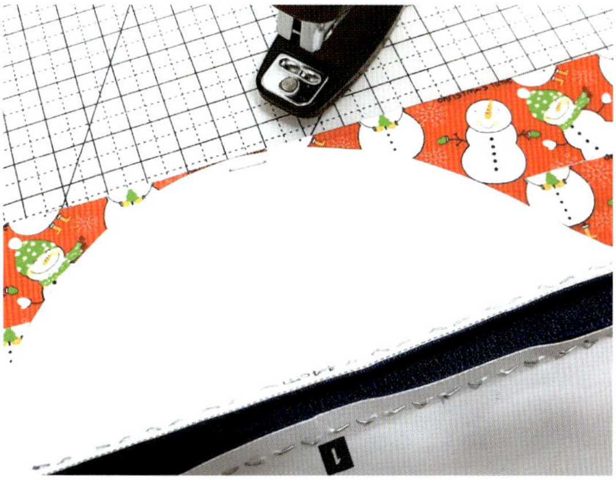

15 　　　　　　　　　　　　　　　　　　　　　　**16**

14　　사진과 같은 모양으로 1번 도안과 2번 도안의 겉면이 맞닿게 포갭니다.

15　　1번 도안의 가장자리 중심 부분과 2번 도안을 함께 스테이플러로 찍어 고정합니다.

16　　원기둥을 만들듯이 1번 도안을 굴려가면서 2번 도안과 함께 스테이플러로 일정하게 찍어 고정
　　　합니다.

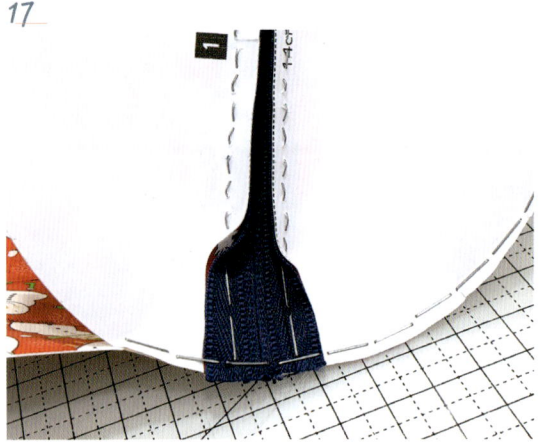

17

18

17 지퍼도 펼쳐서 2번 도안과 함께 스테이플러로 찍습니다.

18 두 도안을 합쳐 원기둥이 완성되면 마지막 남은 도안의 옆면도 스테이플러로 일정하게 찍어 고 정합니다.

완성 뒤집으면 두루마리 휴지 커버가 완성됩니다.

완성

Q : 보니아라 테이프로 어떤 걸 할 수 있나요?

· **리폼 작업** : 낡고 지루해진 벽, 현관문, 각종 가구 등을 새로운 분위기로 바꿀 수 있습니다.

· **공예 작품 만들기** : 다양한 색상과 디자인의 테이프가 개발되어 지갑, 머리핀, 가방, 장신
　　　　　　　　　　구, 옷 등의 패션 아이템과 파티용품, 생활용품을 만들 수 있습니다.

· **각종 보수** : 항공기와 전투 무기 수리에도 사용될 만큼 우수한 접착력과 내구성을 가져 건
　　　　　　　설현장, 배기구 및 파이프 설비, 가정용품 수리에 사용합니다.

40p에 실려있는 풍차 메모판(2) 도안입니다.

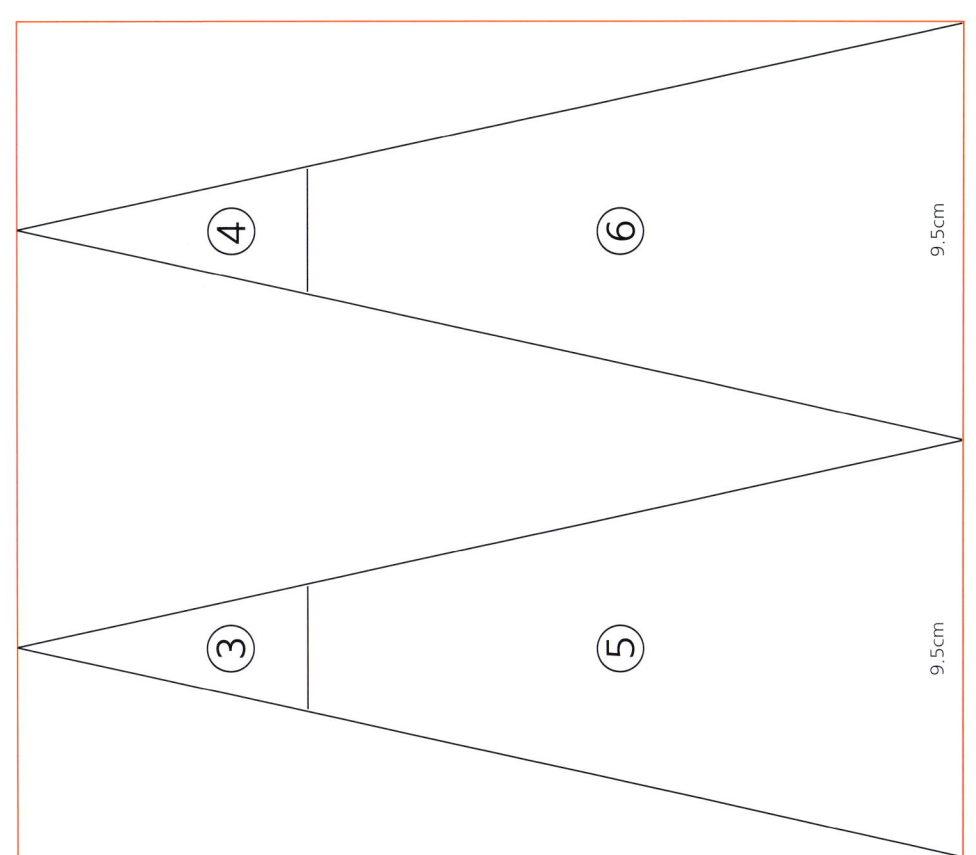

* 본 도안은 실제 크기보다 축소된 사이즈입니다.

각티슈 커버

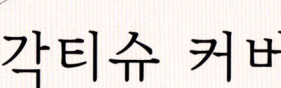

□ 테이프　　　□ 도안　　　□ 가위　　　□ 커팅 매트

□ 양면테이프　□ 칼　　　□ 스테이플러

☑ 준비되어 있다　　□ 준비되어 있지 않다

01

26.5CM

18.5CM

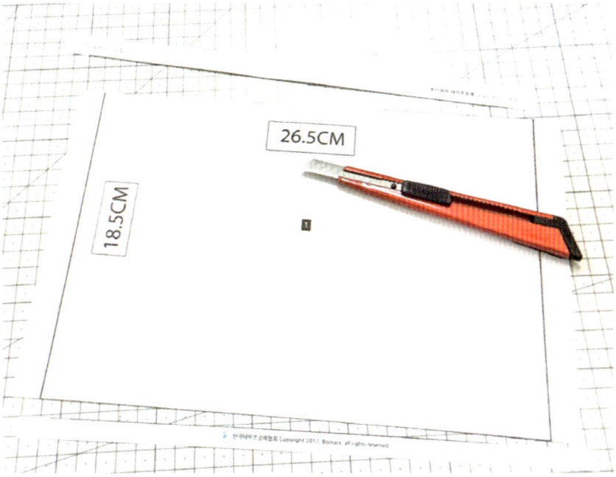

02

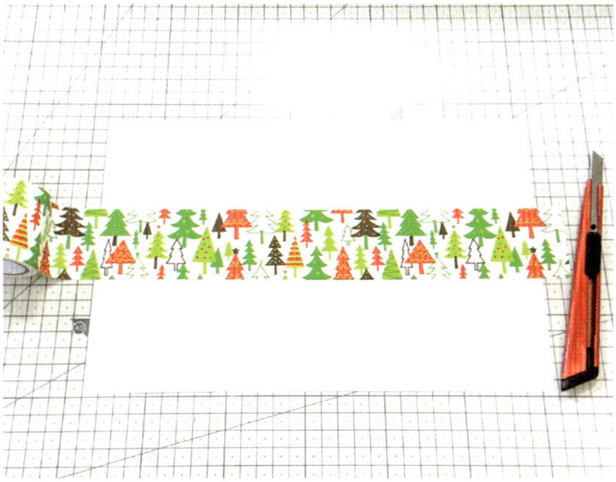

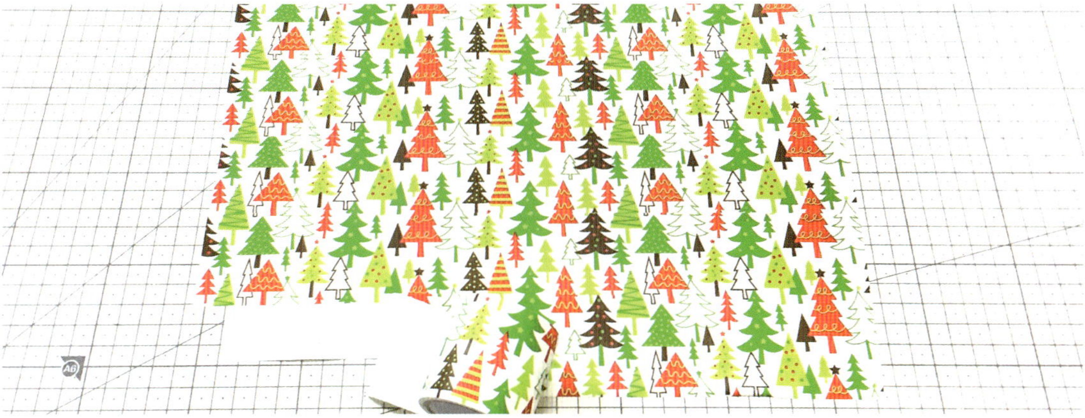

03

01 1번 도안(2장)의 위, 아래 여백 부분을 자릅니다.

02 도안의 뒷면 중앙에 테이프를 1줄 붙입니다.

03 중앙에 붙인 테이프를 기준으로 위, 아래쪽에 테이프를 붙입니다.

04

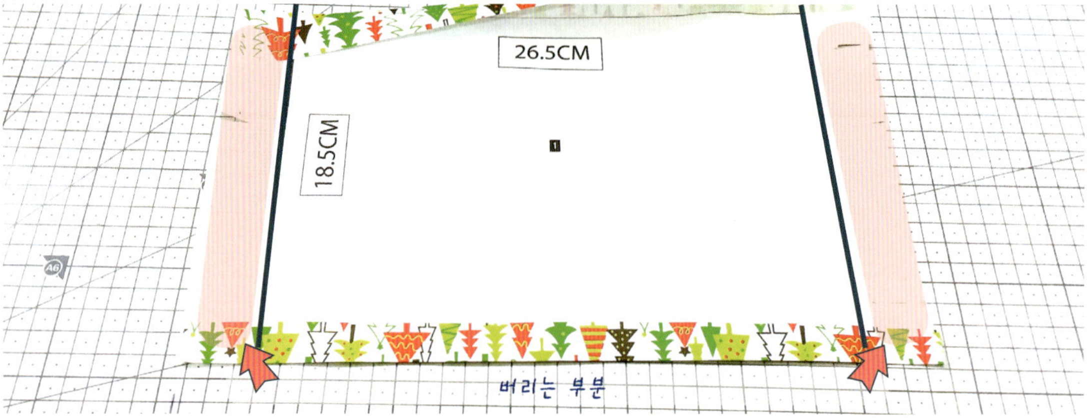

26.5CM

18.5CM

버리는 부분

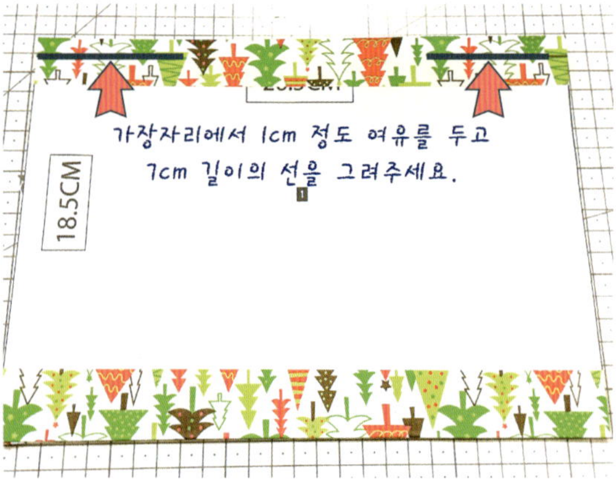

05

가장자리에서 1cm 정도 여유를 두고
7cm 길이의 선을 그려주세요.

18.5CM

06

04 도안을 뒤집은 뒤 위, 아래쪽의 테이프는 접어서 붙이고, 좌우 여백은 잘라서 버립니다.

05 [1번~4번]의 과정을 반복하여 원단을 한 장 더 만든 뒤, 2장을 앞면이 마주보게 포개어 사진과
    같이 양쪽에 선을 그립니다.

06 선을 따라 스테이플러로 일정하게 찍어 고정합니다. 이때 원단 2장이 흐트러지지 않게 단단히
    고정해야 합니다.

07

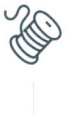

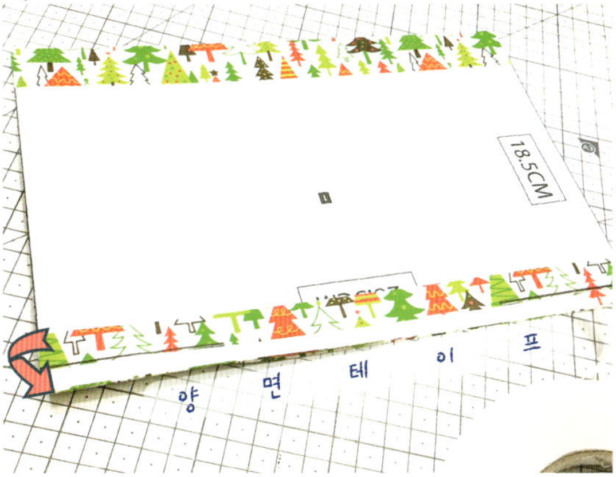

08

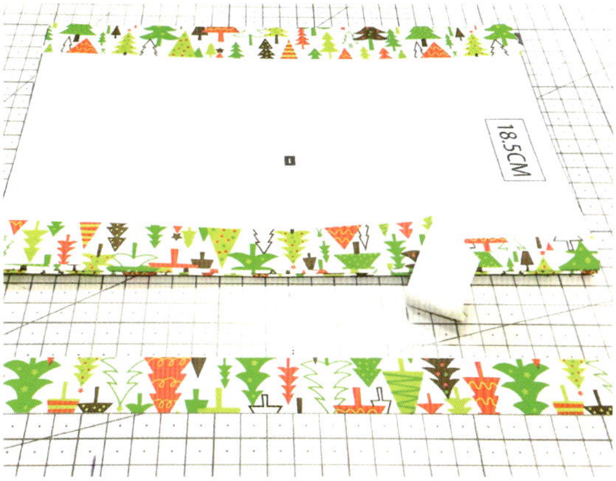

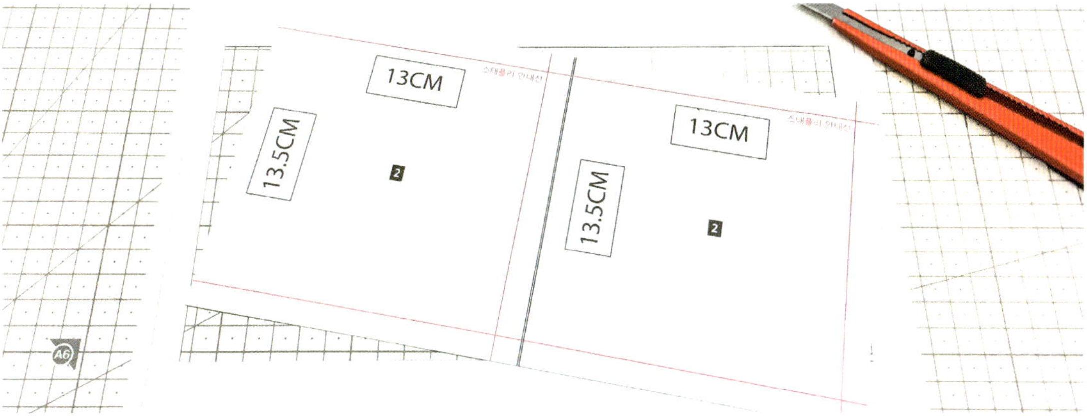

09

07 스테이플러를 찍은 가장자리 부분에 양면테이프를 붙인 뒤, 종이를 떼어내고 접어서 붙입니다.

08 테이프를 26cm 길이로 자른 뒤 다시 길게 반으로 잘라 양면테이프로 접어서 붙인 부분을 덮어서 붙입니다.

09 2번 도안을 사진과 같은 모양으로 검은색 선을 따라 자릅니다.

10

11

12

10   [2번~4번]과 같은 방법으로 한 번 더 반복합니다.

11   도안의 중앙선을 자릅니다.

12   사진과 같은 방향으로 놓습니다.

13   1번 도안을 바깥쪽이 보이게 펼친 뒤, 1번 도안의 중심(스테이플러로 찍어서 2장을 연결한 부분)과 2번 도안의 중심을 맞추어 스테이플러로 일정하게 찍어 고정합니다.

14   1번 도안을 세워 양 옆쪽도 선을 따라 스테이플러로 일정하게 찍어 맞은편 쪽도 동일한 방법으로 옆면을 만듭니다.

완성   뒤집어서 모서리의 각을 잘 잡아 주면 각티슈 커버가 완성됩니다.

완성

TAPE CRAFT

Class 02

파우치와 가방 만들기

미니 파우치

■· 완성된 파우치 크기 : 11cm ＊ 9cm

☐ 테이프   ☐ 도안   ☐ 마감 테이프   ☐ 칼   ☐ 스테이플러

☐ opp 비닐   ☐ 벨크로   ☐ 양면테이프   ☐ 가위   ☐ 커팅 매트

☑ 준비되어 있다   ☐ 준비되어 있지 않다

⚙️ 난이도 : ★★★☆☆   ⏱️ 소요시간 : 40분   🧰 테이프 소요량 : 270cm

01

02   **03**

01   opp 비닐 위에 테이프를 붙여줍니다. (opp비닐 크기에 맞춰 테이프는 칼로 자릅니다.)

02   뒷면도 같은 방법으로 다른 색상의 테이프를 붙여서 원단을 만듭니다.

03   테이프로 만든 원단 위에 도안을 올리고 커팅라인 바깥쪽(여백 부분)을 스테이플러로 고정합니다.

04

05

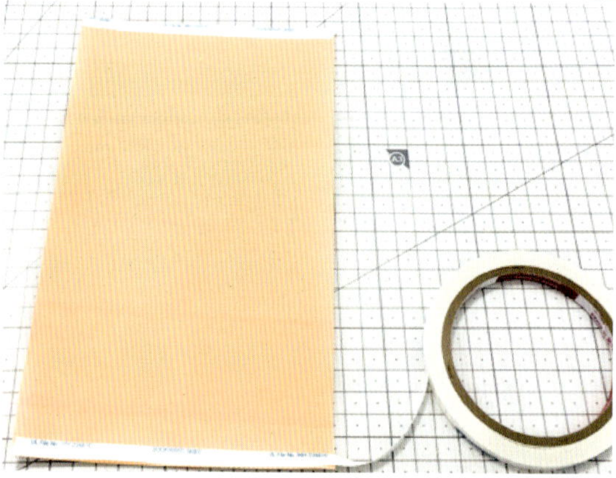

06

04   검은색 선을 따라 자릅니다.

05   파우치의 안감이 될 면의 위, 아래쪽에 양면테이프를 붙여줍니다.

06   양면테이프의 종이를 떼어내고 약 1.5cm 정도 위, 아래 접어서 붙인 뒤, [7번]처럼 반으로 접습
      니다.

07

볼펜으로 선 그리기

08

09

07   사이드 부분에 1cm의 여유를 두고 볼펜으로 선을 그린 뒤 선을 따라 스테이플러로 일정하게
      찍어 고정합니다.
      (파우치를 뒤집을 때 벌어질 수 있으니 입구 O동그라미 부분은 여러 번 찍어 고정합니다.)

08   마감 테이프를 14cm 정도 자른 뒤, 사진과 비슷한 위치에 붙여줍니다.

09   마감 테이프를 11cm 정도 자른 뒤, 양 옆면의 스테이플러 위에 덮어서 붙입니다. 남은 부분은
      뒤로 접어서 붙입니다.

10

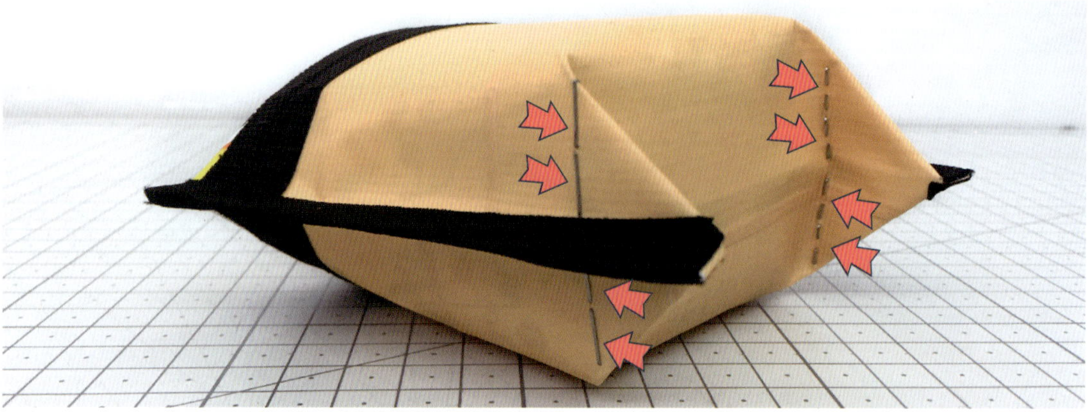

11

12

10	사진과 같이 모서리를 삼각형 모양이 되도록 접어서 스테이플러로 일정하게 찍어 고정합니다.
11	살살 뒤집은 뒤, O동그라미 부분에 벨크로를 붙입니다.
12	사진과 비슷한 위치에 1.5cm 정도 길이의 칼선 2개를 만들어줍니다.
	(리본이 통과할 자리입니다.)

13

14

폭 1~1.5cm

13 테이프를 30cm 정도 잘라 반으로 길게 접은 뒤, 접은 테이프를 폭 1~1.5cm 정도 넓이로 길게 자릅니다.

14 [12번]에서 만든 칼선에 [13번]에서 만든 테이프를 끼워 리본 모양으로 예쁘게 묶습니다.

완성 리본이 포인트인 미니 파우치가 완성되었습니다.

완성

멀티 파우치

완성된 파우치 크기 : 17cm * 4.5cm * 9.5cm

- □ 테이프
- □ 도안
- □ 마감 테이프
- □ 칼
- □ 스테이플러
- □ opp 비닐
- □ 지퍼
- □ 양면테이프
- □ 가위
- □ 커팅 매트
- □ 꾸미기 부자재 (라벨, 고리, 체인 등)

☑ 준비되어 있다   □ 준비되어 있지 않다

난이도 : ★★★★☆   소요시간 : 60분   테이프 소요량 : 300cm

01

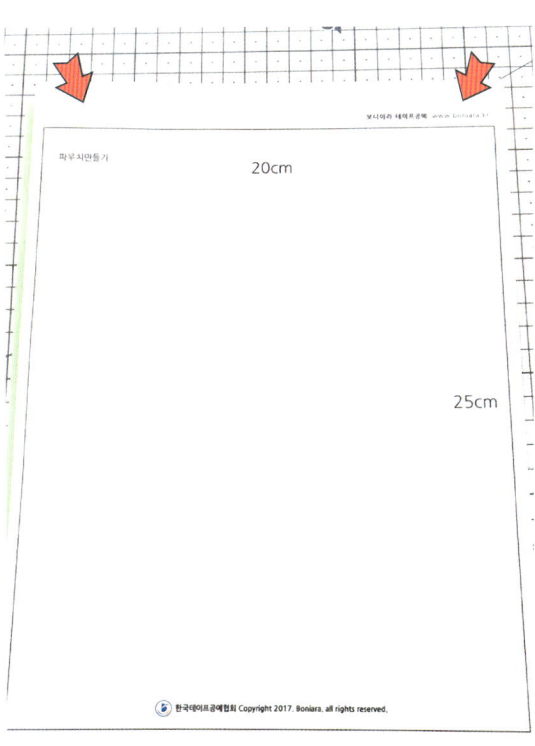

20cm

25cm

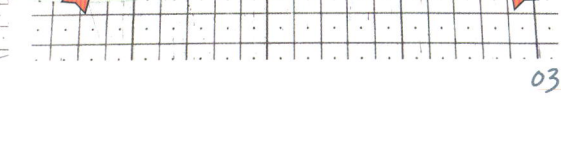

02

03

01	opp 비닐 위에 테이프를 붙입니다. (테이프는 칼로 자릅니다.)
02	뒷면도 같은 방법으로 다른 색상의 테이프를 붙여서 원단을 만듭니다.
03	테이프로 만든 원단 위에 도안을 올리고 커팅라인 바깥쪽(여백 부분)을 스테이플러로 고정합니다.

04

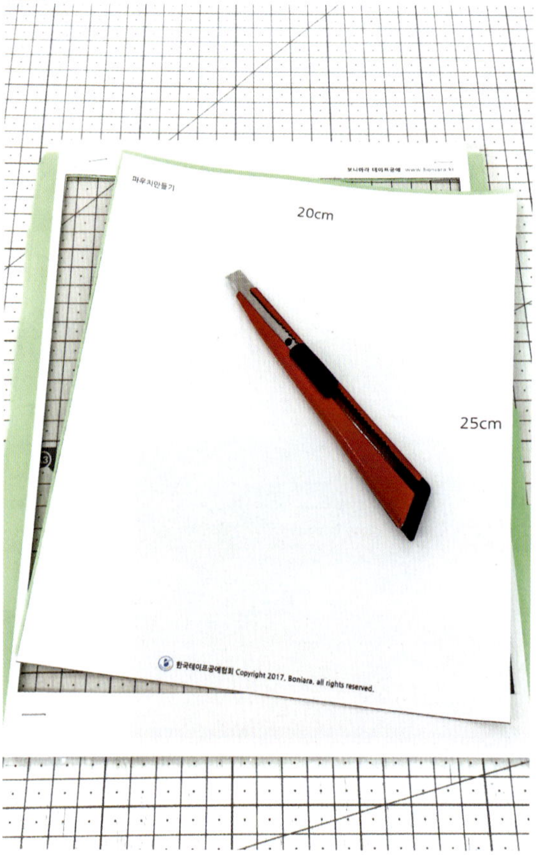

20cm

25cm

파우치만들기

한국테이프공예협회 Copyright 2017. Boniara, all rights reserved.

05

06

잘라서 버리기   잘라서 버리기

04   검은색 선을 따라 자릅니다.

05   파우치의 겉감이 될 면의 위, 아래쪽에 양면테이프를 붙여줍니다.

06   위쪽 양면테이프를 떼고 양면테이프와 지퍼의 앞면(손잡이 있는 쪽)이 맞닿게 붙인 뒤, 지퍼의 남
      은 부분은 잘라서 버립니다

07

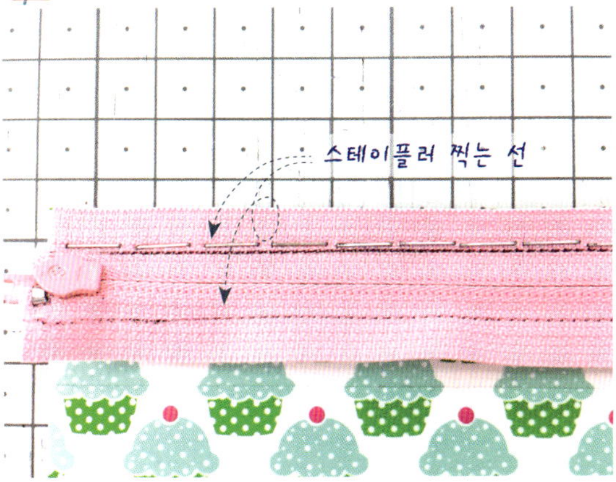

스테이플러 찍는 선

08

09

07   지퍼의 중심 부분에서 약 5mm 떨어진 위치에 선을 그린 뒤, 위쪽에 그린 선을 따라 스테이플 러로 일정하게 찍어 고정합니다.

08   스테이플러를 찍지 않은 지퍼의 남은 부분을 손으로 잡고 아래로 접습니다.
하단 양면테이프의 종이를 떼고 지퍼의 남은 부분과 양면테이프가 맞닿게 붙인 뒤, 지퍼의 선 을 따라 스테이플러로 일정하게 찍어 고정합니다

09   선을 따라 찍은 스테이플러의 뒷면에 양면테이프를 붙입니다.

10

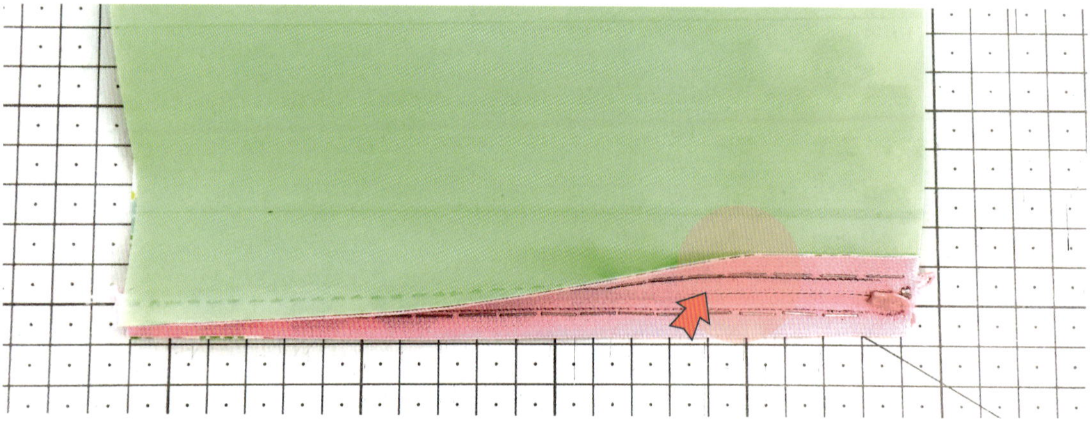

11

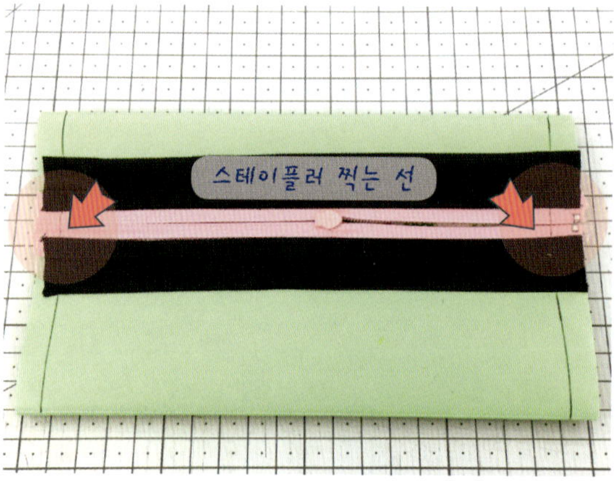

12

스테이플러 찍는 선

10   양면테이프의 종이를 떼고 사진처럼 안감쪽으로 접어서 고정합니다.
       (나머지 반대쪽도 같은 방법으로 접어서 고정합니다.)

11   마감 테이프를 20cm 정도 길이로 잘라 스테이플러의 선이 보이지 않게 덮어서 붙입니다.
       (나머지 반대쪽도 같은 방법으로 한 번 더 반복합니다.)

12   지퍼의 위치를 사진처럼 위쪽에 놓은 뒤, 사이드 부분에 1cm 정도 여유를 두고 선을 그려 스테이
       플러로 일정하게 찍어 고정합니다. 동그라미(지퍼) 부분은 튼튼하게 여러 번 찍어 고정합니다.

13

14

13 마감 테이프를 12cm 정도 길이로 자른 뒤, 스테이플러가 보이지 않게 붙이고 남은 부분은 뒷면
으로 접어 붙입니다.

14 사진과 같이 모서리를 삼각형 모양이 되도록 접어서 스테이플러로 일정하게 찍어 고정합니다.

완성 뒤집어서 부자재로 꾸며주면 예쁜 멀티 파우치가 완성됩니다.

완성

삼각 파우치

■ 완성된 파우치 크기 : 13cm ✱ 11.5cm ✱ 11cm

□ 테이프   □ 도안   □ 마감 테이프   □ 칼   □ 스테이플러

□ OPP 비닐   □ 지퍼   □ 양면테이프   □ 가위   □ 커팅 매트

□ 꾸미기 부자재 (라벨, 고리, 체인 등)

☑ 준비되어 있다   □ 준비되어 있지 않다

01

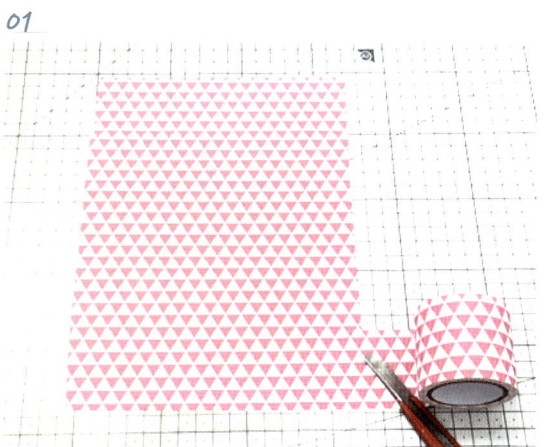

02

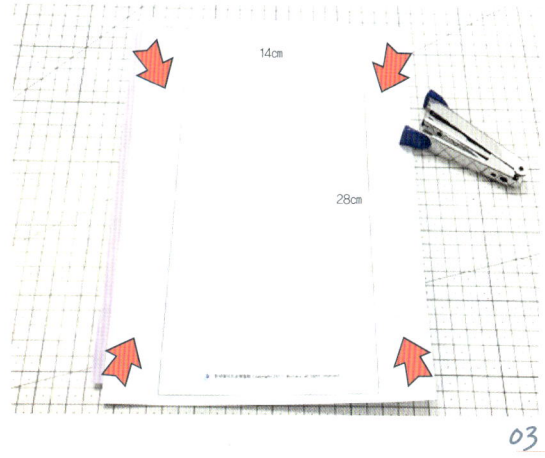

03

01　opp 비닐 위에 테이프를 붙입니다. (테이프는 칼로 자릅니다.)

02　뒷면도 같은 방법으로 다른 색상의 테이프를 붙여서 원단을 만듭니다.

03　테이프로 만든 원단 위에 도안을 올리고 커팅라인 바깥쪽(여백 부분)을 스테이플러로 고정합니다.

04

14cm

28cm

05

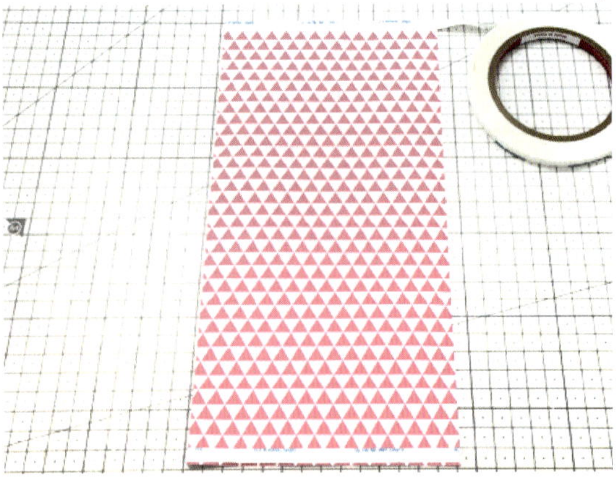

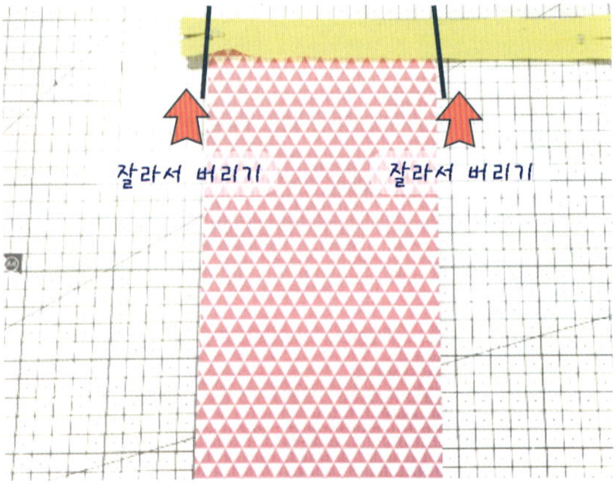

06

잘라서 버리기   잘라서 버리기

04   검은색 선을 따라 자릅니다.

05   파우치의 겉감이 될 면의 위, 아래쪽에 양면테이프를 붙여줍니다.

06   위쪽 양면테이프를 떼고 양면테이프와 지퍼의 앞면(손잡이 있는 쪽)이 맞닿게 붙인 뒤, 지퍼의 남은 부분은 잘라서 버립니다.

07

스테이플러 찍는 선

08

09

07   지퍼의 중심 부분에서 약 5mm 떨어진 위치에 선을 그린 뒤, 위쪽에 그린 선을 따라 스테이플러로 일정하게 찍어 고정합니다.

08   스테이플러를 찍지 않은 지퍼의 남은 부분을 손으로 잡고 아래로 접습니다.
하단 양면테이프의 종이를 떼고 지퍼의 남은 부분과 양면테이프가 맞닿게 붙인 뒤, 지퍼의 선을 따라 스테이플러로 일정하게 찍어 고정합니다

09   선을 따라 찍은 스테이플러의 뒷면에 양면테이프를 붙인 뒤, 종이를 떼어내고 안감쪽으로 접어서 고정합니다.

10

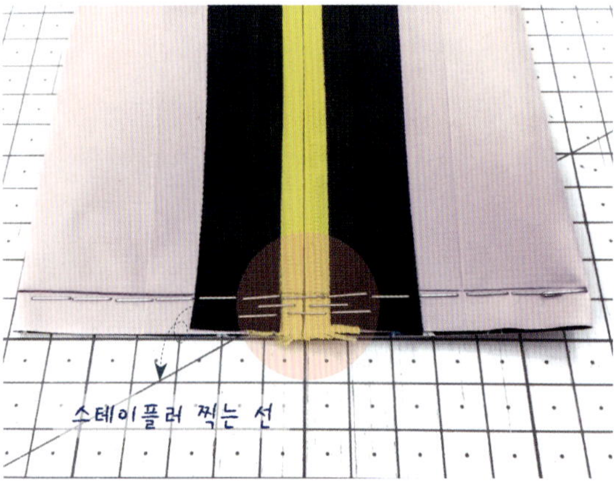

11

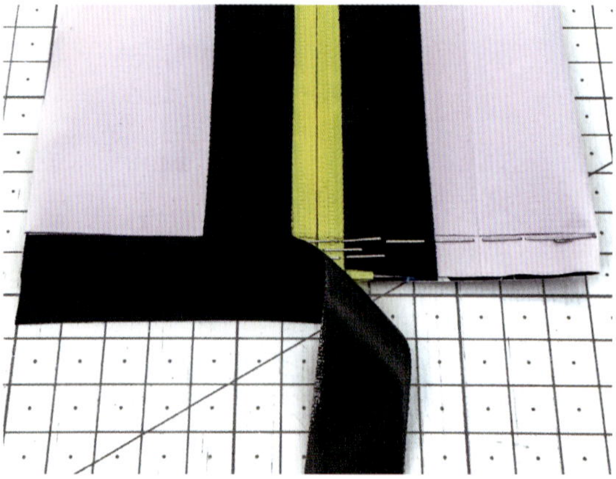

12

스테이플러 찍는 선

10	마감 테이프를 14cm 정도 길이로 잘라 스테이플러의 선이 보이지 않게 덮어서 붙입니다. (나머지 반대쪽도 같은 방법으로 한 번 더 반복합니다.)
11	지퍼의 위치를 사진처럼 가운데로 놓은 뒤, 사이드 부분에 1cm 정도 여유를 두고 선을 그려 스테이플러로 일정하게 찍어 고정합니다. 동그라미(지퍼) 부분은 튼튼하게 여러 번 찍어 고정합니다.
12	마감 테이프를 13cm 정도 길이로 자른 뒤, 스테이플러가 보이지 않게 붙이고 남은 부분은 뒷면으로 접어 붙입니다.

13

14

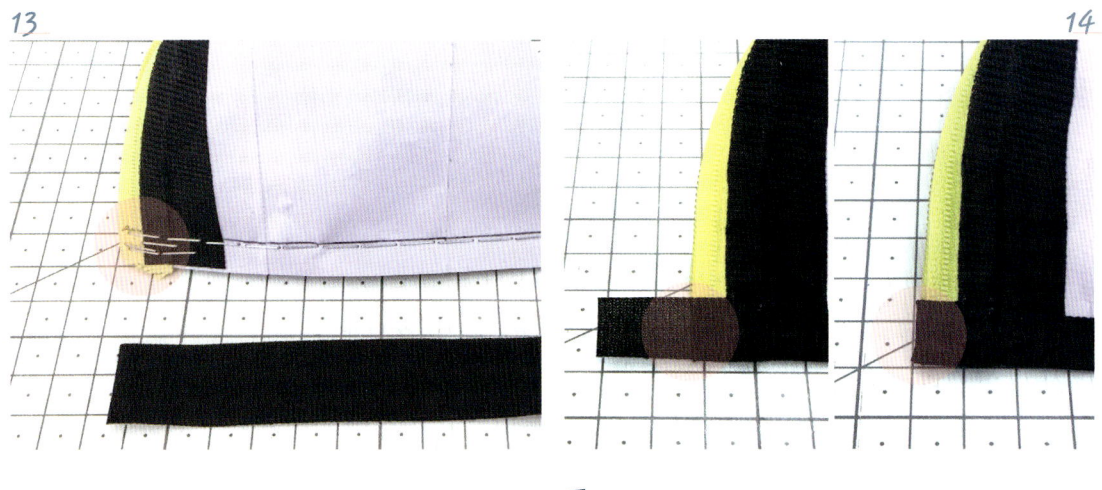

13 지퍼를 연 뒤, 마감 테이프를 붙이지 않은 쪽을 사진처럼 지퍼가 왼쪽에 오도록 모양을 잡고, [11번~12번]의 방법을 이용하여 마무리합니다. 동그라미(지퍼) 부분은 튼튼하게 여러 번 찍어 고정합니다.

14 마감 테이프를 폭 1cm , 길이 3cm 정도의 크기로 자른 뒤, 스테이플러를 여러 번 찍은 지퍼 끝 부분에 덮어서 붙입니다.

완성 뒤집어서 부자재로 꾸며주면 예쁜 삼각 파우치가 완성됩니다.

완성

사각 파우치

■ 완성된 파우치 크기 : 16.5cm * 11.5cm

- ☐ 테이프
- ☐ 도안
- ☐ 마감 테이프
- ☐ 칼
- ☐ 스테이플러
- ☐ opp 비닐
- ☐ 지퍼
- ☐ 양면테이프
- ☐ 가위
- ☐ 커팅 매트
- ☐ 꾸미기 부자재 (라벨, 고리, 체인 등)

☑ 준비되어 있다   ☐ 준비되어 있지 않다

01

02

03

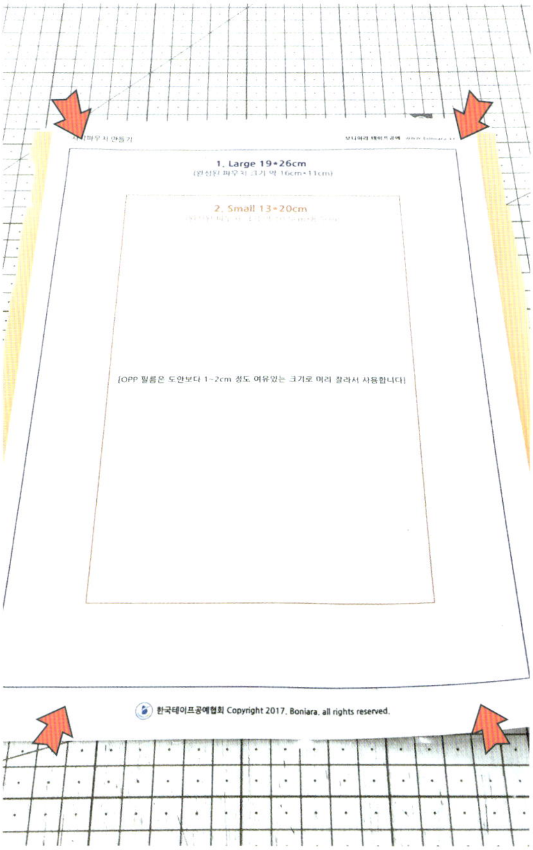

1. Large 19×26cm
(관성) 채우기 크기 약 16cm×11cm)

2. Small 13×20cm

[OPP 필름은 도안보다 1~2cm 정도 여유있는 크기로 미리 잘라서 사용합니다]

🐝 한국테이프공예협회 Copyright 2017. Boniara, all rights reserved.

01　opp 비닐 위에 테이프를 붙입니다. (테이프는 칼로 자릅니다.)

02　뒷면도 같은 방법으로 다른 색상의 테이프를 붙여서 원단을 만듭니다.

03　테이프로 만든 원단 위에 도안을 올리고 커팅라인 바깥쪽(여백 부분)을 스테이플러로 고정합니다.

04

05

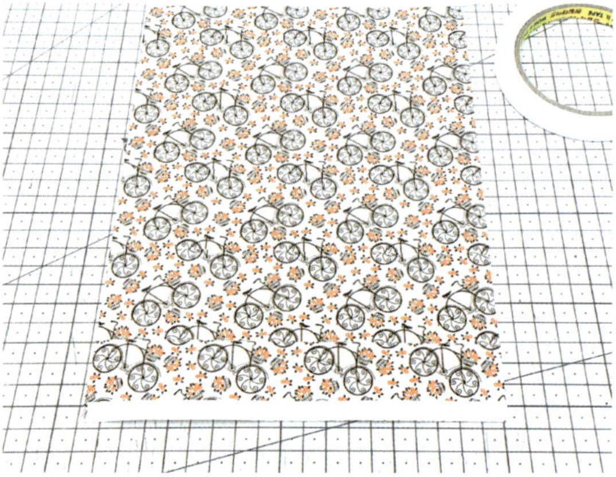

잘라서 버리기   잘라서 버리기

06

04   검은색 선을 따라 자릅니다.

05   파우치의 겉감이 될 면의 위, 아래쪽에 양면테이프를 붙여줍니다.

06   위쪽 양면테이프를 떼고 양면테이프와 지퍼의 앞면(손잡이 있는 쪽)이 맞닿게 붙인 뒤, 지퍼의 남은 부분은 잘라서 버립니다.

07

스테이플러 찍는 선

08

09

07   지퍼의 중심 부분에서 약 5mm 떨어진 위치에 선을 그린 뒤, 위쪽에 그린 선을 따라 스테이플러로 일정하게 찍어 고정합니다.

08   스테이플러를 찍지 않은 지퍼의 남은 부분을 손으로 잡고 아래로 접습니다.
하단 양면테이프의 종이를 떼고 지퍼의 남은 부분과 양면테이프가 맞닿게 붙인 뒤, 지퍼의 선을 따라 스테이플러로 일정하게 찍어 고정합니다

09   선을 따라 찍은 스테이플러의 뒷면에 양면테이프를 붙입니다.

10

11

스테이플러 찍는 선

12

10　양면테이프의 종이를 떼고 사진처럼 안감쪽으로 접어서 고정합니다.
　　(나머지 반대쪽도 같은 방법으로 접어서 고정합니다.)

11　마감 테이프를 20cm 정도 길이로 잘라 스테이플러의 선이 보이지 않게 덮어서 붙입니다.
　　(나머지 반대쪽도 같은 방법으로 한 번 더 반복합니다.)

12　지퍼의 위치를 사진처럼 위쪽에 놓은 뒤, 사이드 부분에 1cm 정도 여유를 두고 선을 그려 스테이
　　플러로 일정하게 찍어 고정합니다. 동그라미(지퍼) 부분은 튼튼하게 여러 번 찍어 고정합니다.

13 마감 테이프를 12cm 정도 길이로 자른 뒤, 스테이플러가 보이지 않게 붙이고 남은 부분은 뒷면
    으로 접어 붙입니다.

14 마감 테이프를 폭 1cm, 길이 3cm 정도의 크기로 자른 뒤, 스테이플러를 여러 번 찍은 지퍼 끝
    부분에 덮어서 붙입니다.

완성 뒤집어서 부자재로 꾸며주면 예쁜 사각 파우치가 완성됩니다.

완성

통통 필통

■ 완성된 필통 크기 : 17cm *6cm *4cm

☐ 테이프　　☐ 도안　　☐ 마감 테이프　　☐ 칼　　☐ 스테이플러

☐ opp 비닐　　☐ 지퍼　　☐ 양면테이프　　☐ 가위　　☐ 커팅 매트

☐ 꾸미기 부자재 (라벨, 고리, 체인 등)

☑ 준비되어 있다　　☐ 준비되어 있지 않다

01

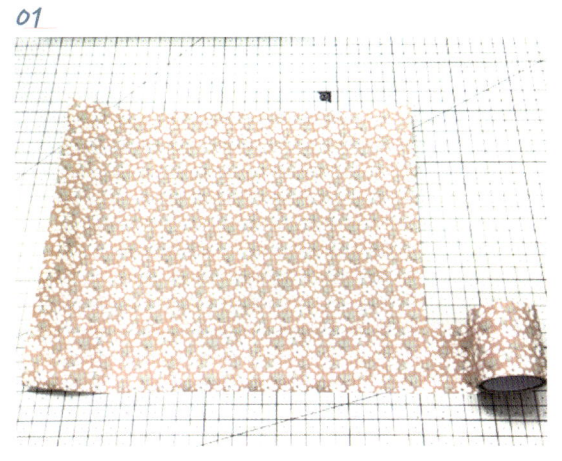

02

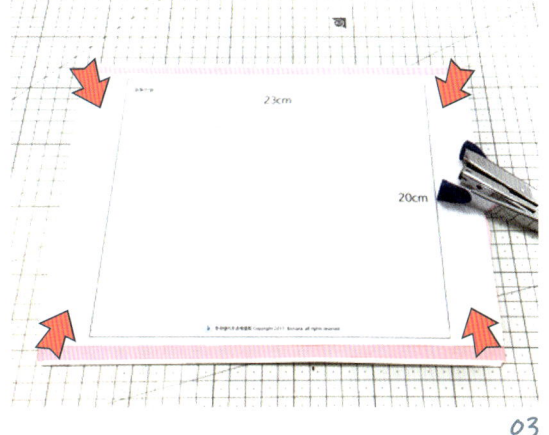

03

01　　opp 비닐 위에 테이프를 붙입니다. (테이프는 칼로 자릅니다.)

02　　뒷면도 같은 방법으로 다른 색상의 테이프를 붙여서 원단을 만듭니다.

03　　테이프로 만든 원단 위에 도안을 올리고 커팅라인 바깥쪽(여백 부분)을 스테이플러로 고정합니다.

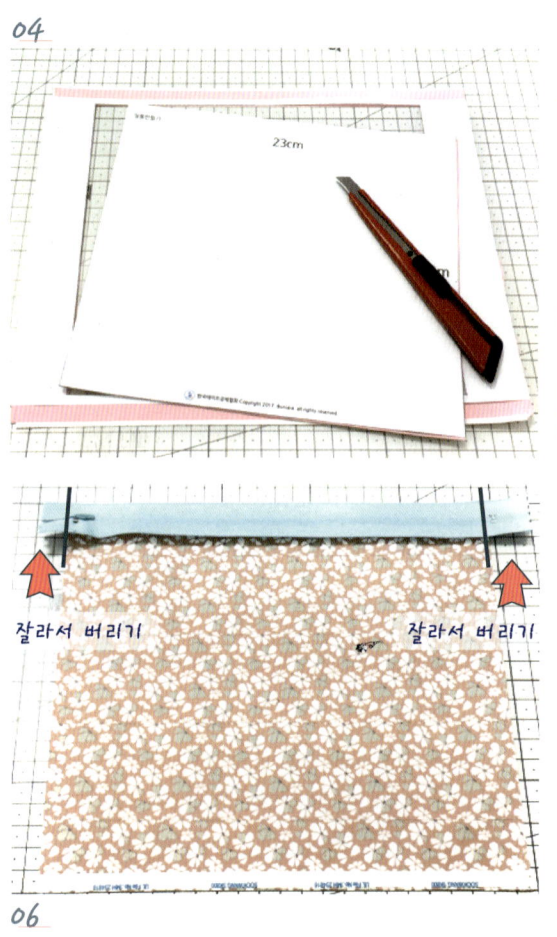

04 검은색 선을 따라 자릅니다.

05 파우치의 겉감이 될 면의 위, 아래쪽에 양면테이프를 붙여줍니다.

06 위쪽 양면테이프를 떼고 양면테이프와 지퍼의 앞면(손잡이 있는 쪽)이 맞닿게 붙인 뒤, 지퍼의 남은 부분은 잘라서 버립니다.

07

스테이플러 찍는 선

08

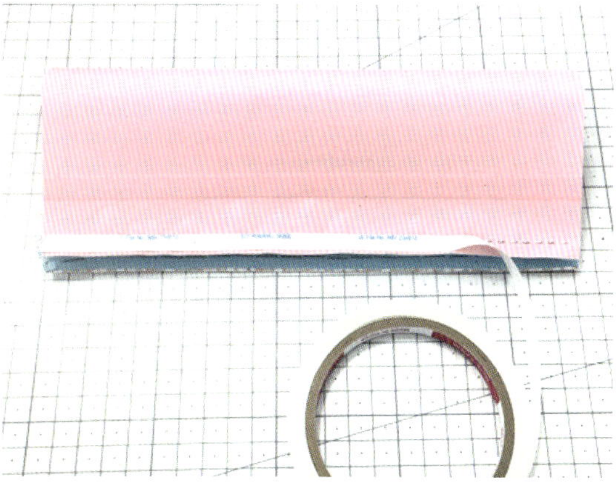

09

07   지퍼의 중심 부분에서 약 5mm 떨어진 위치에 선을 그린 뒤, 위쪽에 그린 선을 따라 스테이플
      러로 일정하게 찍어 고정합니다.

08   스테이플러를 찍지 않은 지퍼의 남은 부분을 손으로 잡고 아래로 접습니다.
      하단 양면테이프의 종이를 떼고 지퍼의 남은 부분과 양면테이프가 맞닿게 붙인 뒤, 지퍼의 선
      을 따라 스테이플러로 일정하게 찍어 고정합니다

09   선을 따라 찍은 스테이플러의 뒷면에 양면테이프를 붙입니다.

10
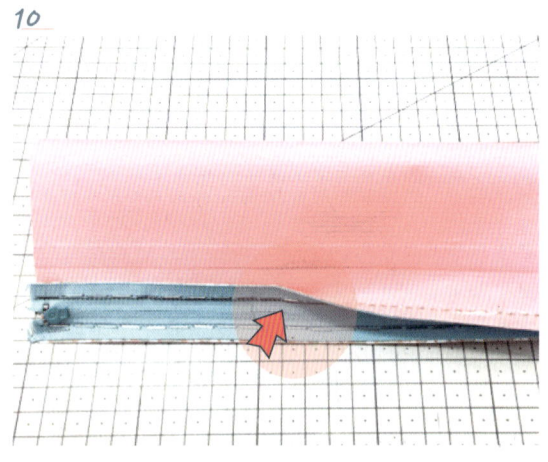

11

스테이플러 찍는 선
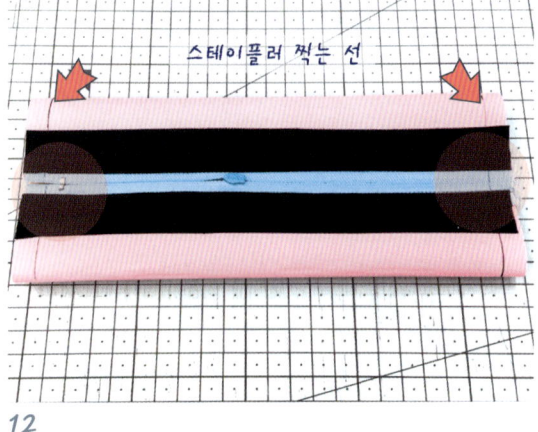

12

10   양면테이프의 종이를 떼고 사진처럼 안감쪽으로 접어서 고정합니다.
        (나머지 반대쪽도 같은 방법으로 접어서 고정합니다.)

11   마감 테이프를 23cm 정도 길이로 잘라 스테이플러의 선이 보이지 않게 덮어서 붙입니다.
        (나머지 반대쪽도 같은 방법으로 한 번 더 반복합니다.)

12   지퍼의 위치를 사진처럼 가운데로 놓은 뒤, 사이드 부분에 1cm 정도 여유를 두고 선을 그려 스
        테이플러로 찍어줍니다. 동그라미(지퍼) 부분은 튼튼하게 여러 번 찍어 줍니다.

13

14

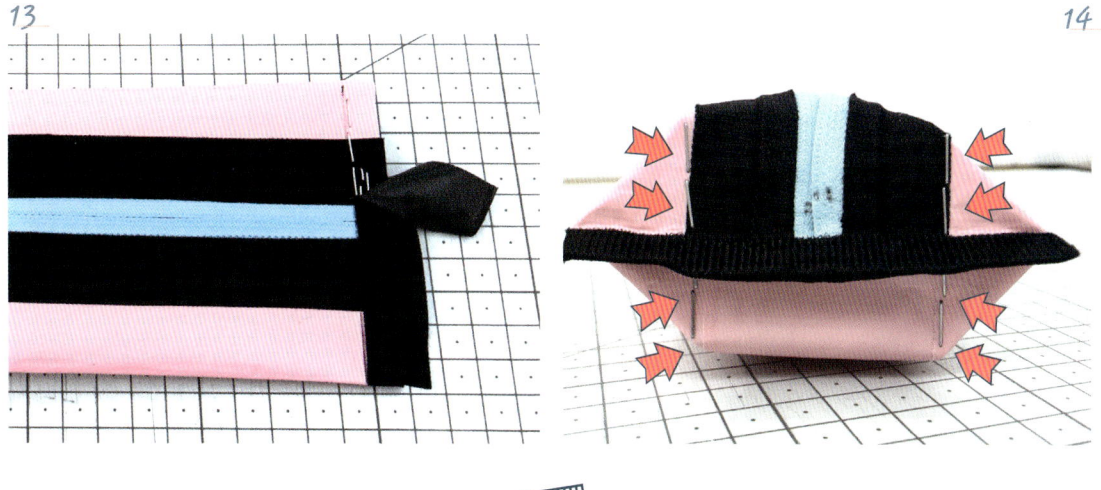

13　마감 테이프를 9cm 정도 길이로 자른 뒤, 스테이플러가 보이지 않게 붙이고 남은 부분은 뒷면
으로 접어 붙입니다.

14　사진과 같이 모서리를 삼각형 모양이 되도록 접어서 스테이플러로 일정하게 찍어 고정합니다.

완성　뒤집어서 부자재로 꾸며주면 예쁜 통통 필통이 완성됩니다.

완성

삼각 필통

완성된 필통 크기 : 20.5cm * 9cm

- ☐ 테이프
- ☐ 도안
- ☐ 마감 테이프
- ☐ 칼
- ☐ 스테이플러
- ☐ opp 비닐
- ☐ 지퍼
- ☐ 양면테이프
- ☐ 가위
- ☐ 커팅 매트
- ☐ 꾸미기 부자재 (라벨, 고리, 체인 등)

☑ 준비되어 있다   ☐ 준비되어 있지 않다

01

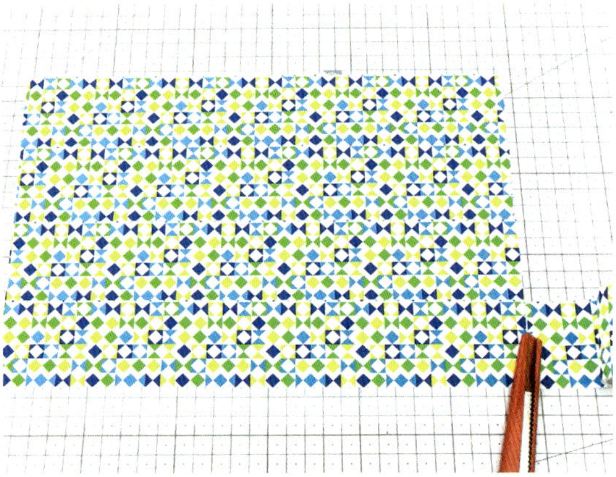

02

24cm

18cm

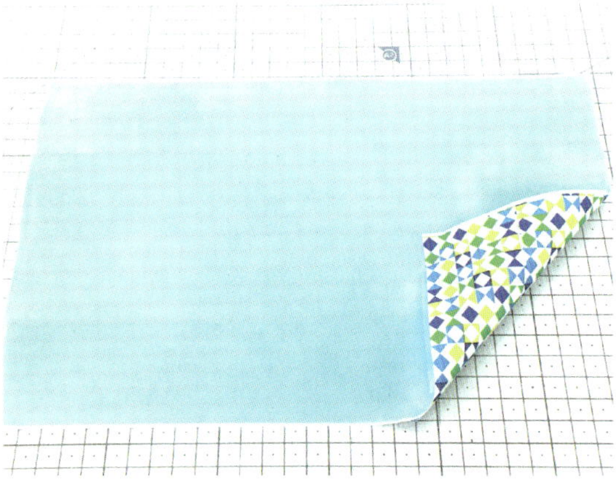

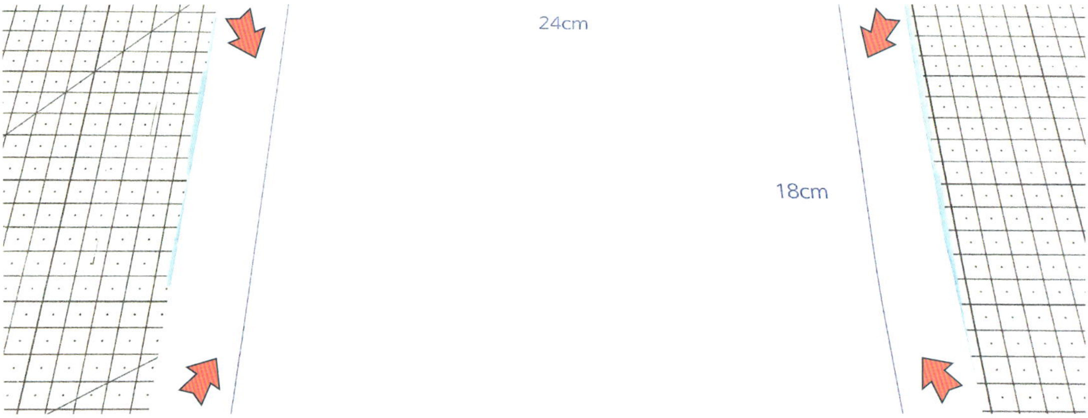

03

✂

01　opp 비닐 위에 테이프를 붙입니다. (테이프는 칼로 자릅니다.)

02　뒷면도 같은 방법으로 다른 색상의 테이프를 붙여서 원단을 만듭니다.

03　테이프로 만든 원단 위에 도안을 올리고 커팅라인 바깥쪽(여백 부분)을 스테이플러로 고정합니다.

04

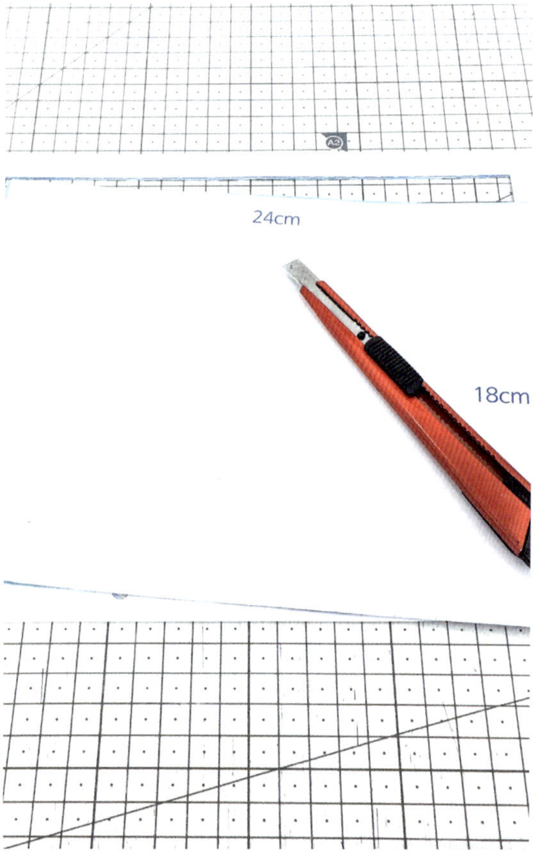

24cm

18cm

05

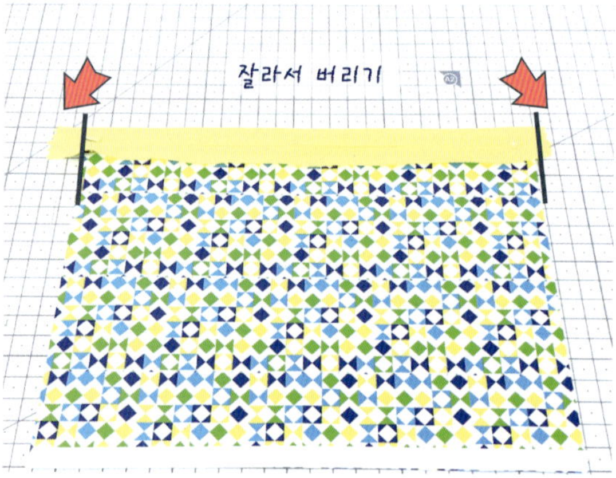

잘라서 버리기

06

04   검은색 선을 따라 자릅니다.

05   파우치의 겉감이 될 면의 위, 아래쪽에 양면테이프를 붙여줍니다.

06   위쪽 양면테이프를 떼고 양면테이프와 지퍼의 앞면(손잡이 있는 쪽)이 맞닿게 붙인 뒤, 지퍼의 남
      은 부분은 잘라서 버립니다.

07

스테이플러 찍는 선

08

09

07 지퍼의 중심 부분에서 약 5mm 떨어진 위치에 선을 그린 뒤, 위쪽에 그린 선을 따라 스테이플러로 일정하게 찍어 고정합니다.

08 스테이플러를 찍지 않은 지퍼의 남은 부분을 손으로 잡고 아래로 접습니다.
하단 양면테이프의 종이를 떼고 지퍼의 남은 부분과 양면테이프가 맞닿게 붙인 뒤, 지퍼의 선을 따라 스테이플러로 일정하게 찍어 고정합니다.

09 선을 따라 찍은 스테이플러의 뒷면에 양면테이프를 붙인 뒤, 종이를 떼어내고 안감쪽으로 접어서 고정합니다.

10

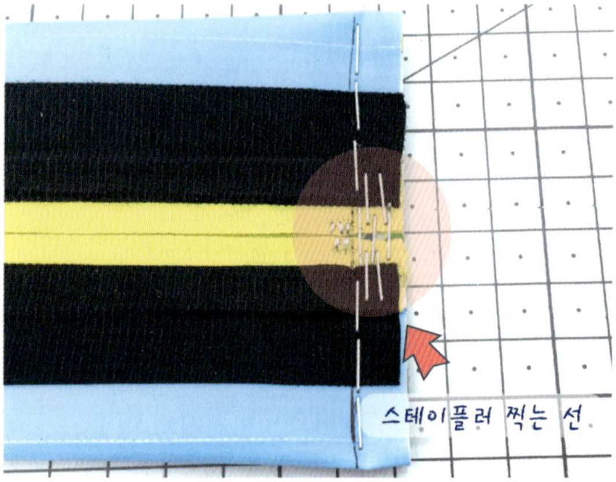

11

스테이플러 찍는 선

12

10 마감 테이프를 24cm 정도 길이로 잘라 스테이플러의 선이 보이지 않게 덮어서 붙입니다.
(나머지 반대쪽도 같은 방법으로 한 번 더 반복합니다.)

11 지퍼의 위치를 사진처럼 가운데로 놓은 뒤, 사이드 부분에 1cm 정도 여유를 두고 선을 그려 스테이플러로 일정하게 찍어 고정합니다. 동그라미(지퍼) 부분은 튼튼하게 여러 번 찍어 고정합니다.

12 마감 테이프를 8cm 정도 길이로 자른 뒤, 스테이플러가 보이지 않게 붙이고 남은 부분은 뒷면으로 접어 붙입니다.

13

14

13   지퍼를 연 뒤, 마감 테이프를 붙이지 않은 쪽을 사진처럼 지퍼가 위에 오도록 모양을 잡고
[11번~12번]의 방법을 이용하여 마무리합니다. 동그라미(지퍼) 부분은 튼튼하게 여러 번 찍어
고정합니다.

14   마감 테이프를 폭 1cm × 길이 3cm 정도의 크기로 자른 뒤, 스테이플러를 여러 번 찍은 지퍼 끝
부분에 덮어서 붙입니다.

완성   뒤집어서 부자재로 꾸며주면 예쁜 삼각 필통이 완성됩니다.

완성

사각 필통

■● 완성된 필통 크기 : 20.5cm ✱ 9cm

- ☐ 테이프
- ☐ 도안
- ☐ 마감 테이프
- ☐ 칼
- ☐ 스테이플러
- ☐ opp 비닐
- ☐ 지퍼
- ☐ 양면테이프
- ☐ 가위
- ☐ 커팅 매트
- ☐ 꾸미기 부자재 (라벨, 고리, 체인 등)

☑ 준비되어 있다   ☐ 준비되어 있지 않다

01

02

23cm

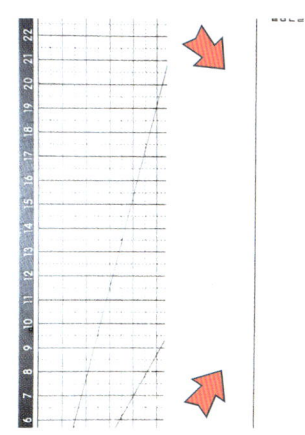

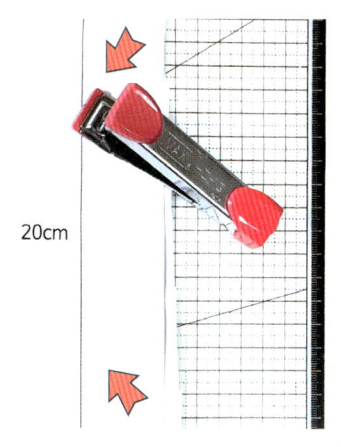

20cm

03

01　　opp 비닐 위에 테이프를 붙입니다. (테이프는 칼로 자릅니다.)

02　　뒷면도 같은 방법으로 다른 색상의 테이프를 붙여서 원단을 만듭니다.

03　　테이프로 만든 원단 위에 도안을 올리고 커팅라인 바깥쪽(여백 부분)을 스테이플러로 고정합니다.

04

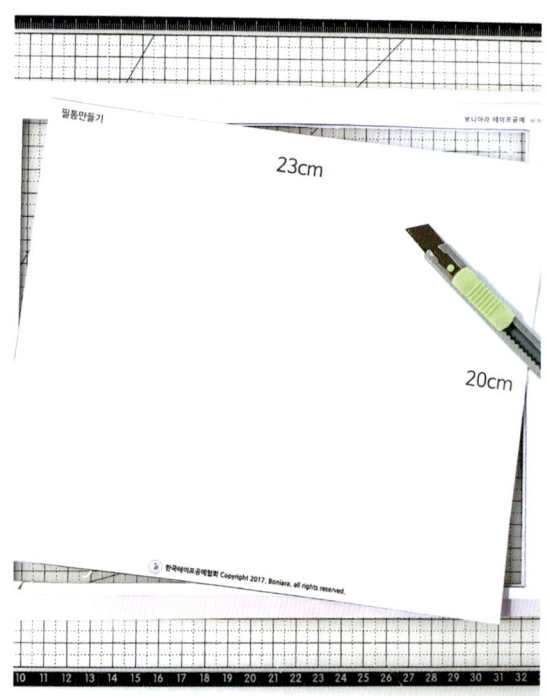

05

06

04   검은색 선을 따라 자릅니다.

05   파우치의 겉감이 될 면의 위, 아래쪽에 양면테이프를 붙여줍니다.

06   위쪽 양면테이프를 떼고 양면테이프와 지퍼의 앞면(손잡이 있는 쪽)이 맞닿게 붙인 뒤, 지퍼의 남은 부분은 잘라서 버립니다.

07

스테이플러 찍는 선

08

09

07   지퍼의 중심 부분에서 약 5mm 떨어진 위치에 선을 그린 뒤, 위쪽에 그린 선을 따라 스테이플
러로 일정하게 찍어 고정합니다.

08   스테이플러를 찍지 않은 지퍼의 남은 부분을 손으로 잡고 아래로 접습니다.
하단 양면테이프의 종이를 떼고 지퍼의 남은 부분과 양면테이프가 맞닿게 붙인 뒤, 지퍼의 선
을 따라 스테이플러로 일정하게 찍어 고정합니다.

09   선을 따라 찍은 스테이플러의 뒷면에 양면테이프를 붙입니다.

10

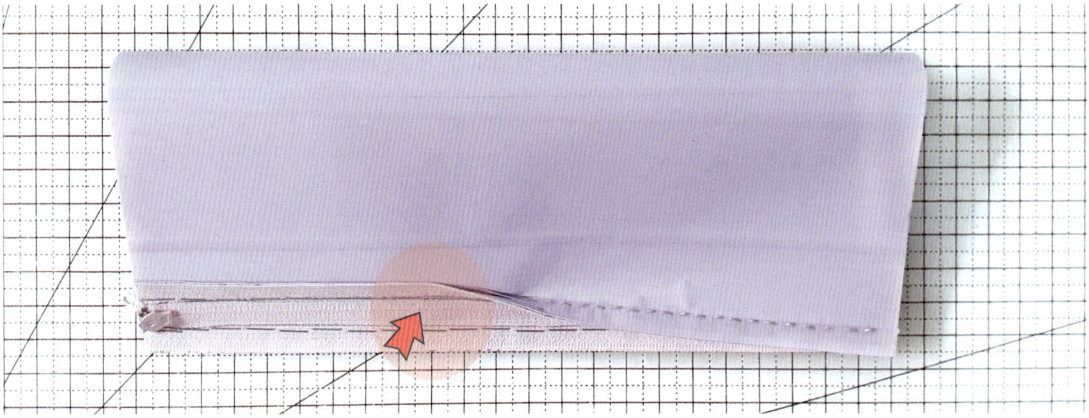

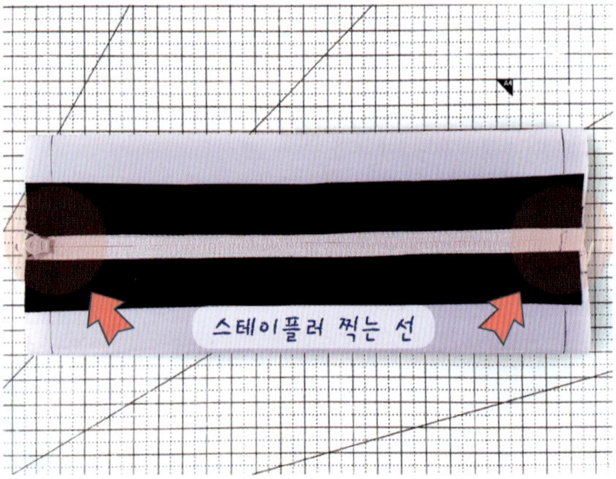

11

12

10   양면테이프의 종이를 떼고 사진처럼 안감쪽으로 접어서 고정합니다.

        (나머지 반대쪽도 같은 방법으로 접어서 고정합니다.)

11   마감 테이프를 23cm 정도 길이로 잘라 스테이플러의 선이 보이지 않게 덮어서 붙입니다.

        (나머지 반대쪽도 같은 방법으로 한 번 더 반복합니다.)

12   지퍼의 위치를 사진처럼 가운데로 놓은 뒤, 사이드 부분에 1cm 정도 여유를 두고 선을 그려 스

        테이플러로 찍어줍니다. 동그라미(지퍼) 부분은 튼튼하게 여러 번 찍어 줍니다.

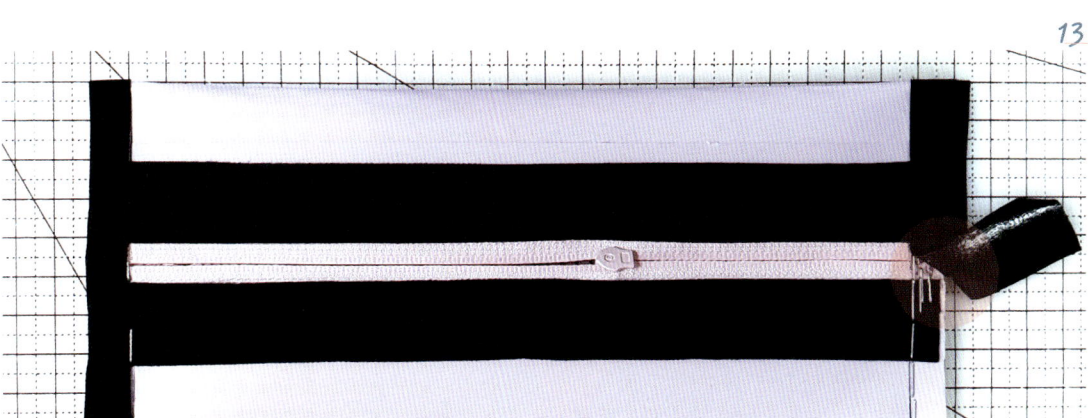

13 마감 테이프를 9cm 정도 길이로 자른 뒤, 스테이플러가 보이지 않게 붙이고 남은 부분은 뒷면
으로 접어 붙입니다.

완성 뒤집어서 부자재로 꾸며주면 예쁜 사각 필통이 완성됩니다.

완성

미니 보조가방

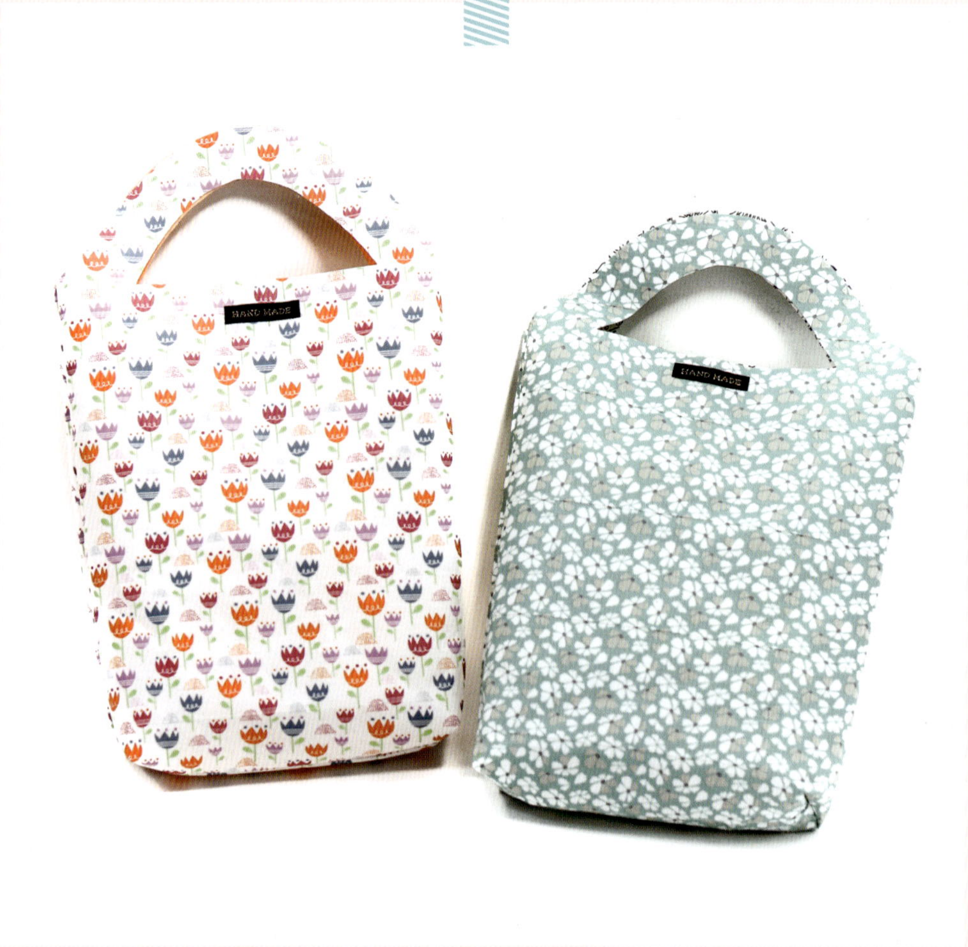

■ 완성된 가방 크기 : 18cm * 6.5cm * 23cm

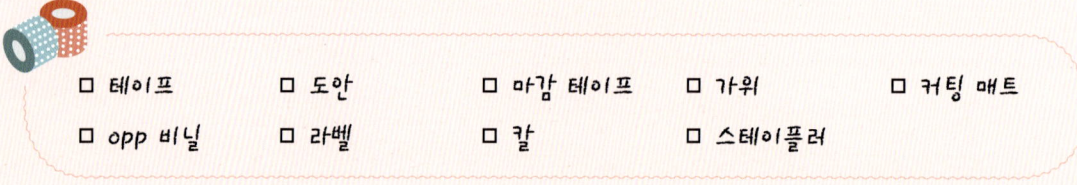

- □ 테이프　　□ 도안　　□ 마감 테이프　　□ 가위　　□ 커팅 매트
- □ opp 비닐　□ 라벨　　□ 칼　　　　　　□ 스테이플러

☑ 준비되어 있다　　□ 준비되어 있지 않다

01

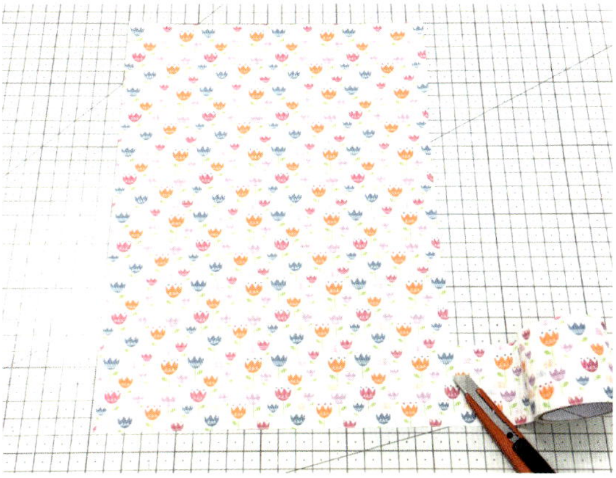

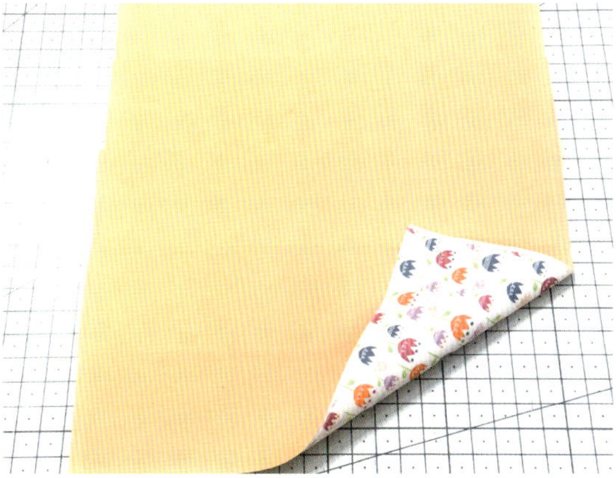

02

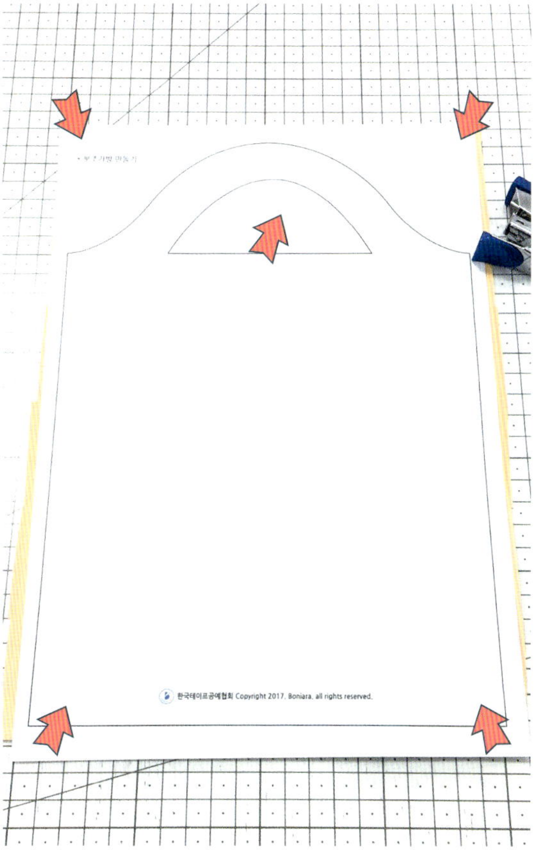

03

01 opp 비닐 위에 테이프를 붙입니다. (테이프는 칼로 자릅니다.)

02 뒷면도 같은 방법으로 다른 색상의 테이프를 붙여서 원단을 만듭니다.

03 테이프로 만든 원단 위에 도안을 올리고 커팅라인 바깥쪽(여백 부분)과 손잡이 안쪽을 스테이플러로 고정합니다.

04

05

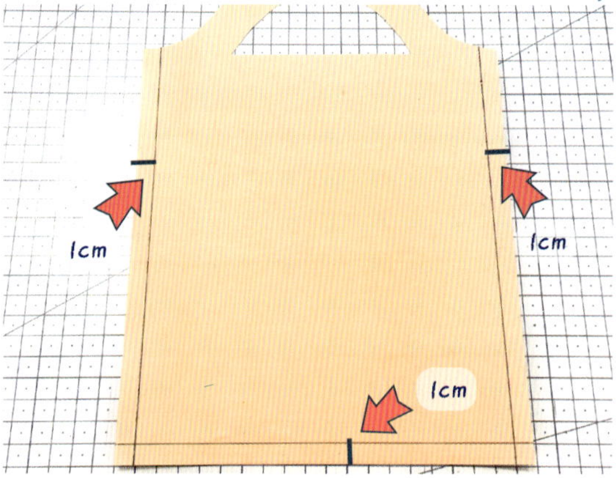

06

04   검은색 선을 따라 손잡이 안쪽부터 자릅니다.

(같은 방법으로 한 장 더 만듭니다.)

05   잘라낸 가방의 원단 사이드 부분과 아래쪽에 1cm의 여유를 두고 선을 그립니다.

06   두 장의 원단을 겉감끼리 맞닿게 포개어 놓은 뒤, 그려 놓은 선을 따라 스테이플러로 일정하게
찍어 고정합니다.

07

08

09

07   마감 테이프를 21cm 정도 길이로 자른 뒤, 스테이플러가 보이지 않게 붙이고 남은 부분은 뒷면
으로 접어 붙입니다.
(나머지 반대쪽도 같은 방법으로 한 번 더 반복합니다.)

08   마감 테이프를 20cm 정도 길이로 자른 뒤, 아래쪽도 같은 방법으로 붙입니다.

09   옆면과 아래쪽 모두 마감 테이프를 붙인 모습입니다.

10

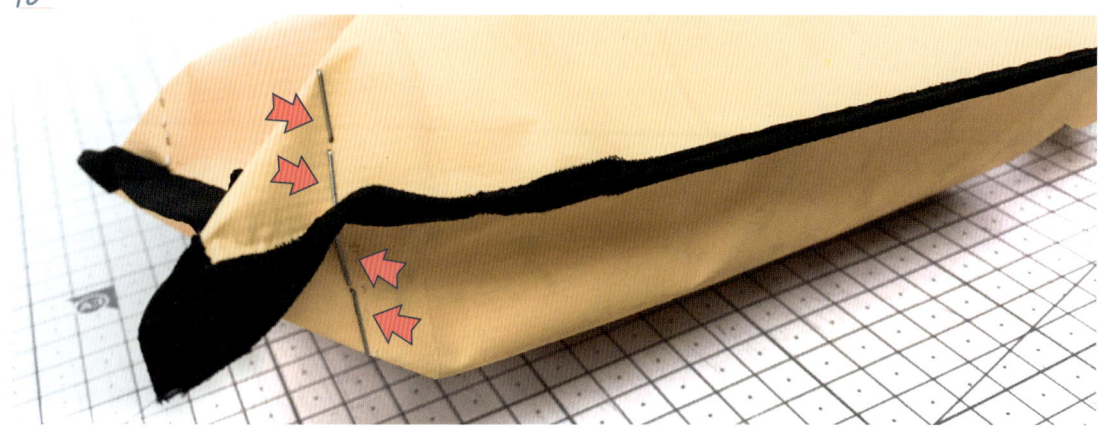

10   [9번]에 표시된 바닥 모서리 부분을 사진처럼 삼각형 모양으로 접은 뒤, 스테이플러로 일정하게 찍어 고정합니다.

완성   뒤집어서 라벨을 붙여주면 귀여운 미니 보조가방이 완성됩니다.

완성

Q : 파우치나 가방을 만들 때 바느질은 어떻게 하나요?

바느질이나 재봉틀이 필요하지 않습니다. 스테이플러로 더 간편하고 더 튼튼하게 만들 수 있습니다.

104p에 실려있는 미니 보조가방 도안입니다.

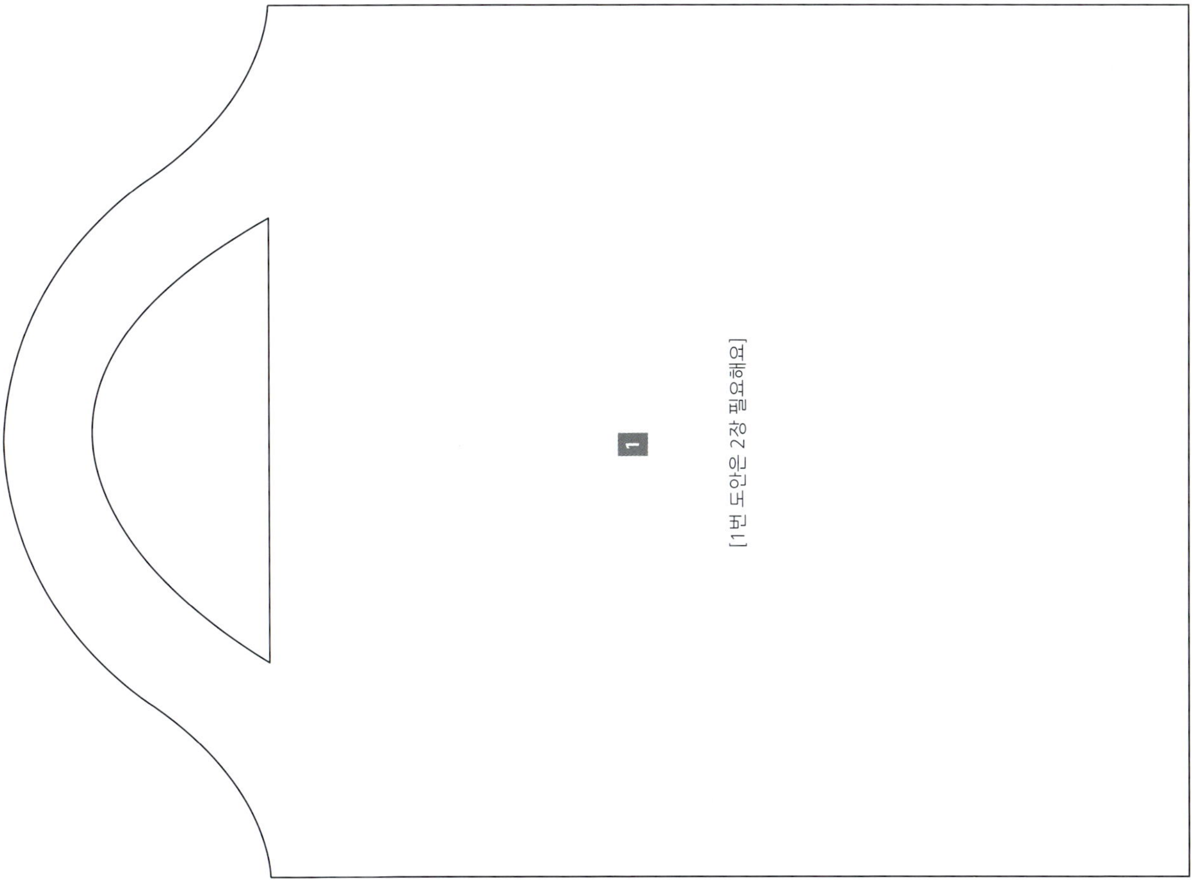

1

[여행떠나요 2장 인도 피팅해역]

* 본 도안은 실제 크기보다 축소된 사이즈입니다.

에코백

◼️ 완성된 가방 크기 : 27cm * 6.5cm * 31cm

☐ 테이프　　　☐ 마감 테이프　　　☐ 글루건　　　☐ 가위　　　☐ 커팅 매트

☐ opp 비닐　　　☐ 벨크로　　　☐ 칼　　　☐ 스테이플러

☑️ 준비되어 있다　　　☐ 준비되어 있지 않다

01

02

03

01 가로 30cm, 세로 35cm 크기의 비닐을 2장 준비합니다.
(종량제 비닐봉지나 마트 비닐봉지를 사용할 수 있습니다.)

02 비닐 위에 테이프를 붙입니다. (테이프는 칼로 자릅니다.)

03 뒷면도 같은 방법으로 다른 색상의 테이프를 붙여서 원단을 만듭니다.

04

05

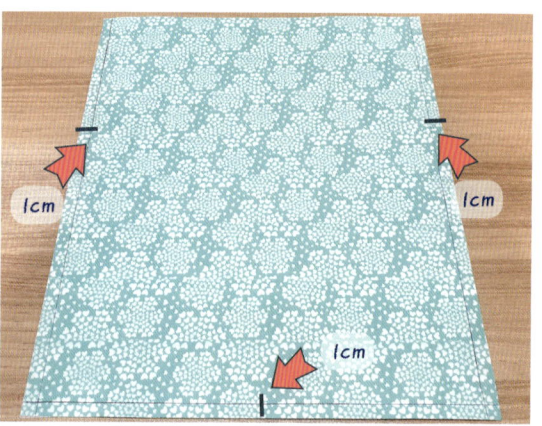

06

04 같은 방법으로 한 장을 더 만들어 총 2장의 원단을 준비합니다.

05 두 장의 원단을 겉감끼리 맞닿게 포개어 놓습니다.

06 원단의 사이드 부분과 아래쪽에 1cm의 여유를 두고 선을 그립니다.

07

08

09

07 그려 놓은 선을 따라 스테이플러로 일정하게 찍어 고정합니다.

08 마감 테이프를 35cm 정도 길이로 자른 뒤, 스테이플러가 보이지 않게 붙이고 남은 부분은 뒷면으로 접어 붙입니다.

(나머지 반대쪽도 같은 방법으로 한 번 더 반복합니다.)

09 마감 테이프를 21cm 정도 길이로 자른 뒤, 스테이플러가 보이지 않게 아랫부분을 붙이고 남은 부분은 뒷면으로 접어 붙입니다.

10

11

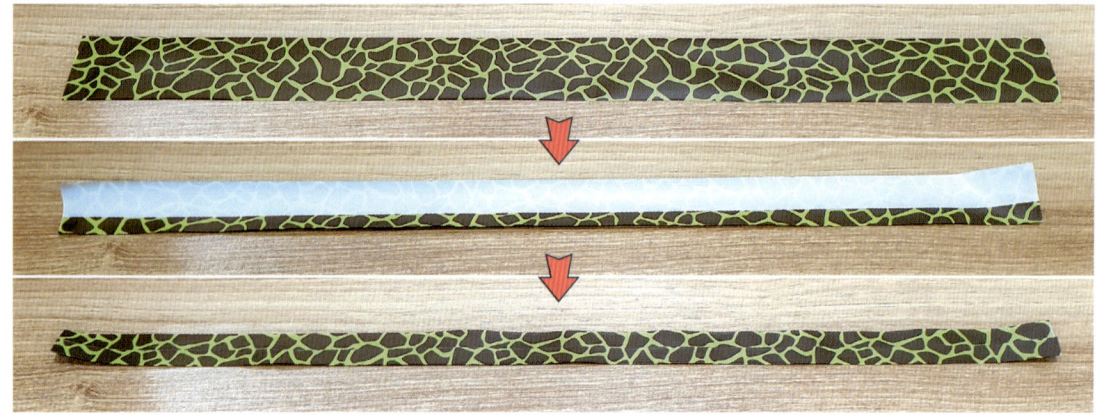

12

10 사진과 같이 모서리를 삼각형 모양이 되도록 접어서 스테이플러로 일정하게 찍어 고정합니다.

11 뒤집습니다.

12 테이프를 60cm 길이로 자른 뒤 긴 면의 위, 아래쪽을 2cm 정도씩 접어 붙여 가방끈을 만듭니다.

13

14

15

13   [12번]의 과정을 한 번 더 반복하여 총 2개의 **가방끈**을 만듭니다.

14   가방의 양쪽 끝에서 5cm 떨어진 위치를 볼펜으로 표시합니다.

15   볼펜으로 표시한 부분에 가방끈의 끝부분을 올리고 스테이플러로 일정하게 찍어 고정합니다.

16

17

18

16   튼튼하게 여러 번 찍습니다. (같은 방법으로 가방끈을 모두 달아줍니다.)

17   [12번]의 과정을 한 번 더 반복하여 총 2개의 **바이어스 끈**을 만듭니다.

18   글루건을 이용하여 가방의 입구 쪽부터 바이어스 끈을 붙입니다.

19

20

19   글루건을 이용하여 가방의 안쪽도 바이어스 끈을 붙입니다.

20   가방의 안쪽 가운데에 벨크로를 붙입니다.

21

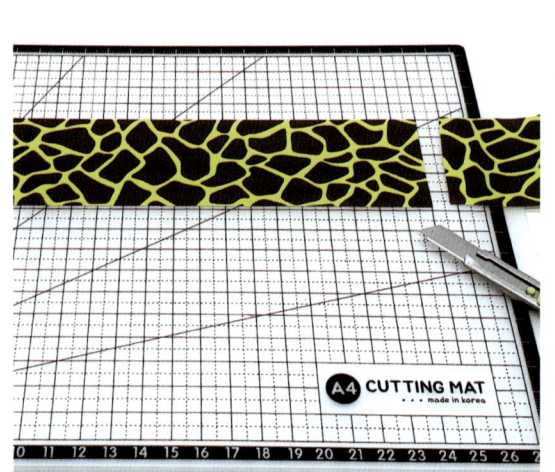

22

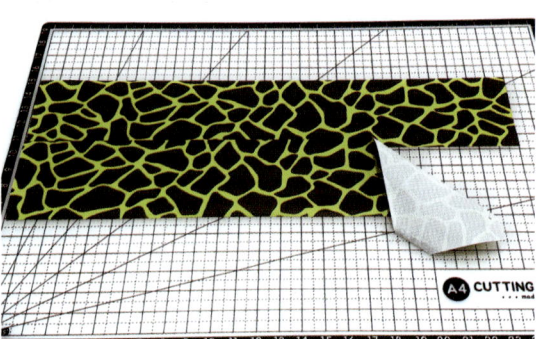

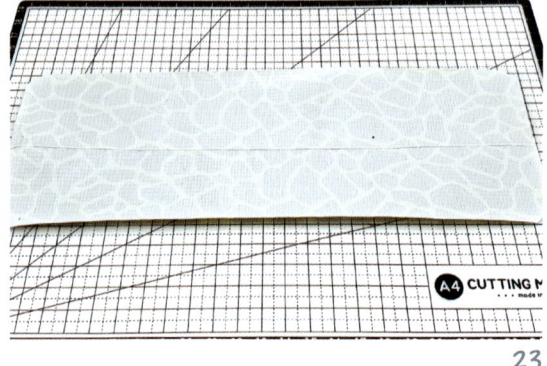

23

21   커팅 매트에 테이프를 25cm 길이로 붙인 뒤 칼로 자릅니다.

22   테이프를 25cm 길이로 하나 더 자른 뒤, [21번]에서 자른 테이프에 1cm 정도 겹쳐서 붙입니다.

23   끈끈한 쪽이 위로 오도록 뒤집습니다.

24

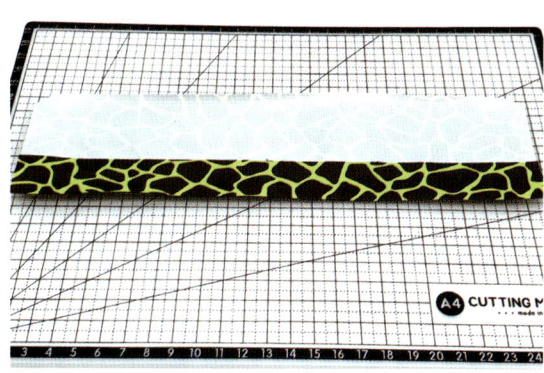

25

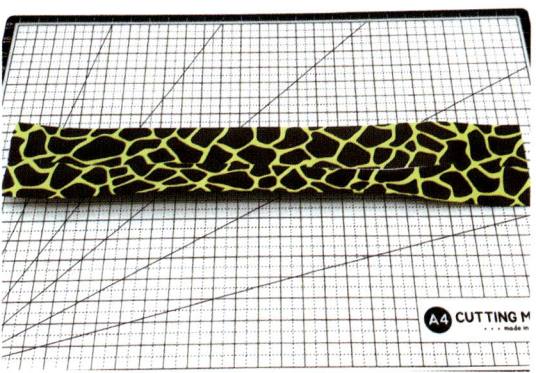

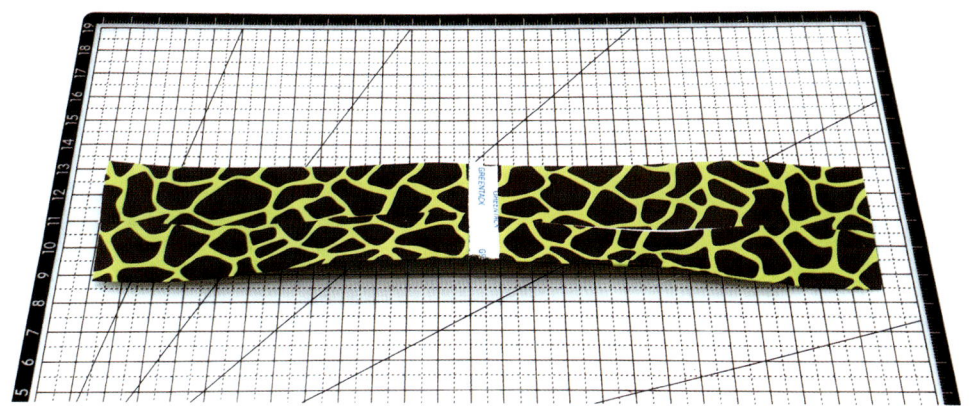

26

24   아래쪽을 2cm 정도 접어서 붙입니다.

25   남아 있는 위쪽을 아래쪽으로 접어 붙여 리본의 형태로 만듭니다.

26   만들어진 리본테이프의 중앙에 양면테이프를 붙입니다.

27

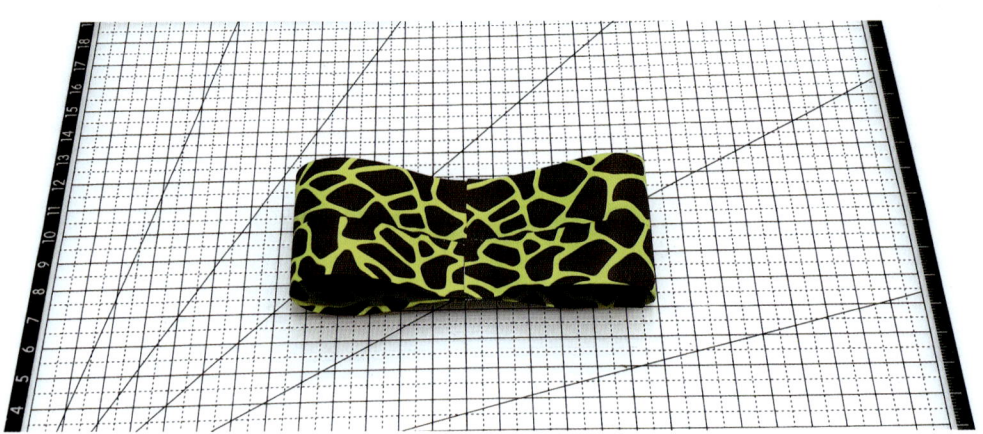

28

29

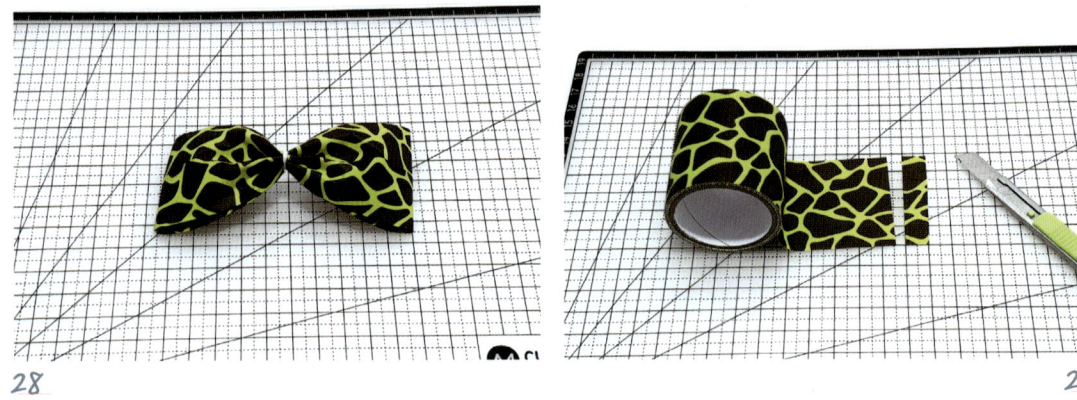

27   양면테이프의 종이를 떼어내고 테이프의 양쪽 끝을 양면테이프에 붙입니다.

28   중앙을 실로 묶습니다.

29   테이프를 1cm 폭으로 자릅니다.

30  31

30　1cm 폭으로 자른 테이프를 중앙의 실이 보이지 않게 감싸서 붙입니다. 예쁜 리본이 됩니다.

31　완성된 리본은 글루건을 이용하여 가방에 붙입니다.

완성　실용적이고 항상 메고 다니고 싶은 에코백이 완성되었습니다.

완성

TAPE CRAFT

Class 03

리폼과 재활용

캐리어 리폼

□ 테이프   □ 커팅 매트

□ 칼

☑ 준비되어 있다   □ 준비되어 있지 않다

01

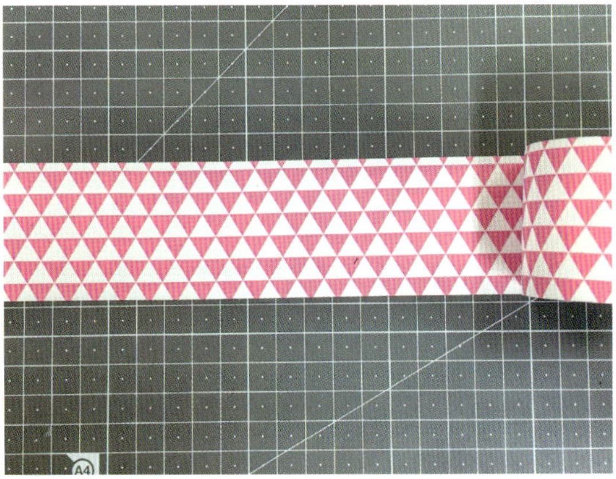

02

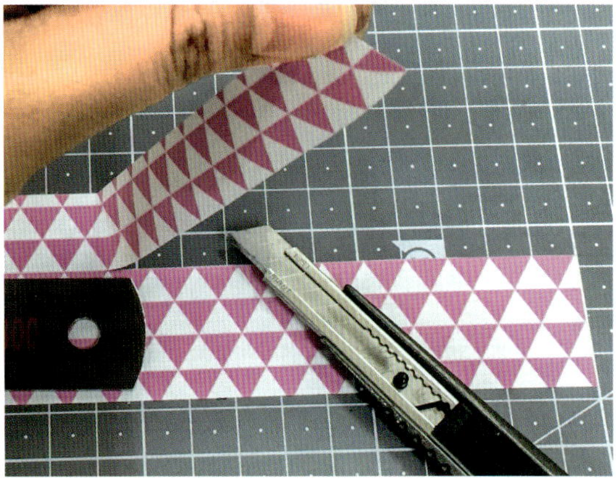

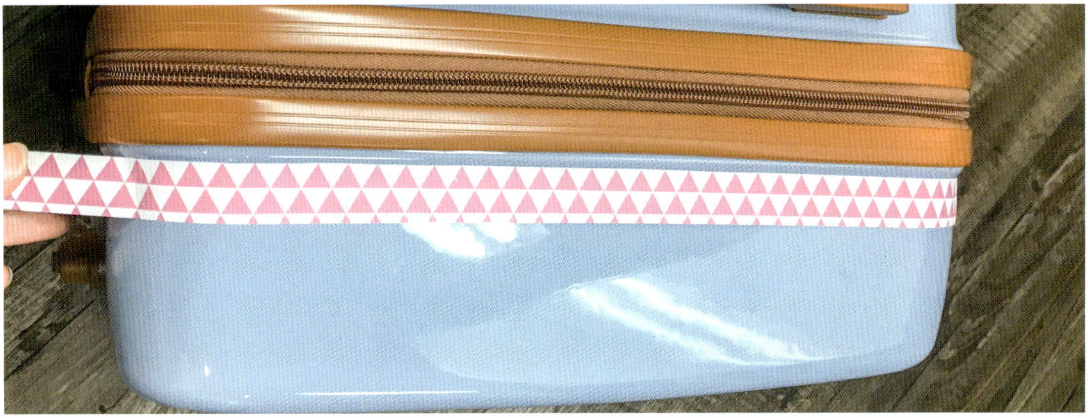

03

01　테이프를 30~40cm 정도의 길이로 자릅니다.

02　폭 2cm 정도의 크기로 자릅니다.

03　캐리어의 지퍼를 따라 붙입니다. 테이프의 길이가 캐리어의 둘레보다 짧으므로, [1번~2번]의 방법
　　을 반복하여 이어 붙입니다.

04

05

06

04 모서리나 곡선 부분은 칼을 이용하여 둥글게 자릅니다.

05 캐리어의 지퍼 부분을 따라 한 바퀴 돌려서 붙인 모습입니다.

06 다른 색상의 테이프를 매치하여 한 번 더 붙입니다.

07

08

09

07,08 [4번]과 같은 방법으로 자릅니다.

09 곡선 부분을 칼로 잘 자른 모습입니다.

10

11

12

10　　　한 바퀴 돌려서 붙인 모습입니다.

11　　　테이프를 폭 0.5cm 길이 40cm 크기로 자른 뒤, 사진과 같은 모양으로 동그랗게 붙입니다.

12　　　다른 색상의 테이프도 폭 0.5cm 길이 40cm 크기로 자른 뒤 붙여서 달팽이 모양을 만듭니다.

13

14

15

13   커팅 매트 위에 테이프를 가로 40cm 세로 20cm 정도의 크기로 붙입니다. 테이프를 붙일 때에는 0.5~1cm 정도 겹치게 붙입니다.

14   테이프를 떼어내고 뒤집은 뒤, 끈적끈적한 부분에 25cm의 길이로 미리 잘라 놓은 다른 색상의 테이프를 3줄 붙입니다.

15   다시 뒤집은 뒤 사진과 같은 위치에 25cm 길이의 테이프를 1줄 붙입니다.

16

17

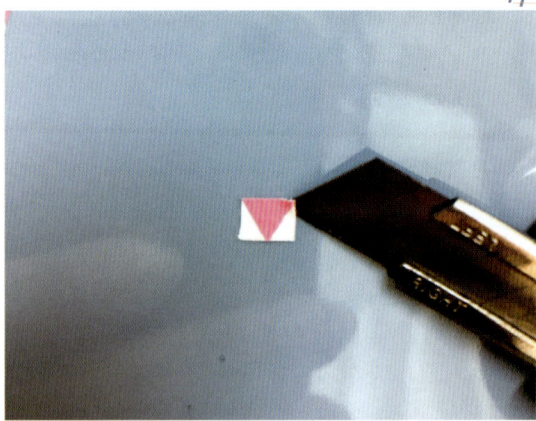

16   캐리어의 하단에 붙인 뒤, 모서리와 옆면은 칼로 잘라 정리합니다.

17   테이프의 패턴을 칼로 작게 자릅니다.

완성   달팽이 주변에 붙이면 캐리어의 리폼이 완성됩니다.

완성

Q : 스테이플러 대신 바느질로 만들어도 되나요?

바늘과 실을 사용할 경우 바늘이 테이프로 만든 원단을 통과할 때 끈끈한 부분이 바늘과 실에 묻어 나오게 되므로 작업이 훨씬 힘들고 시간이 많이 걸립니다.

34p에 실려있는 연필꽂이 도안입니다.

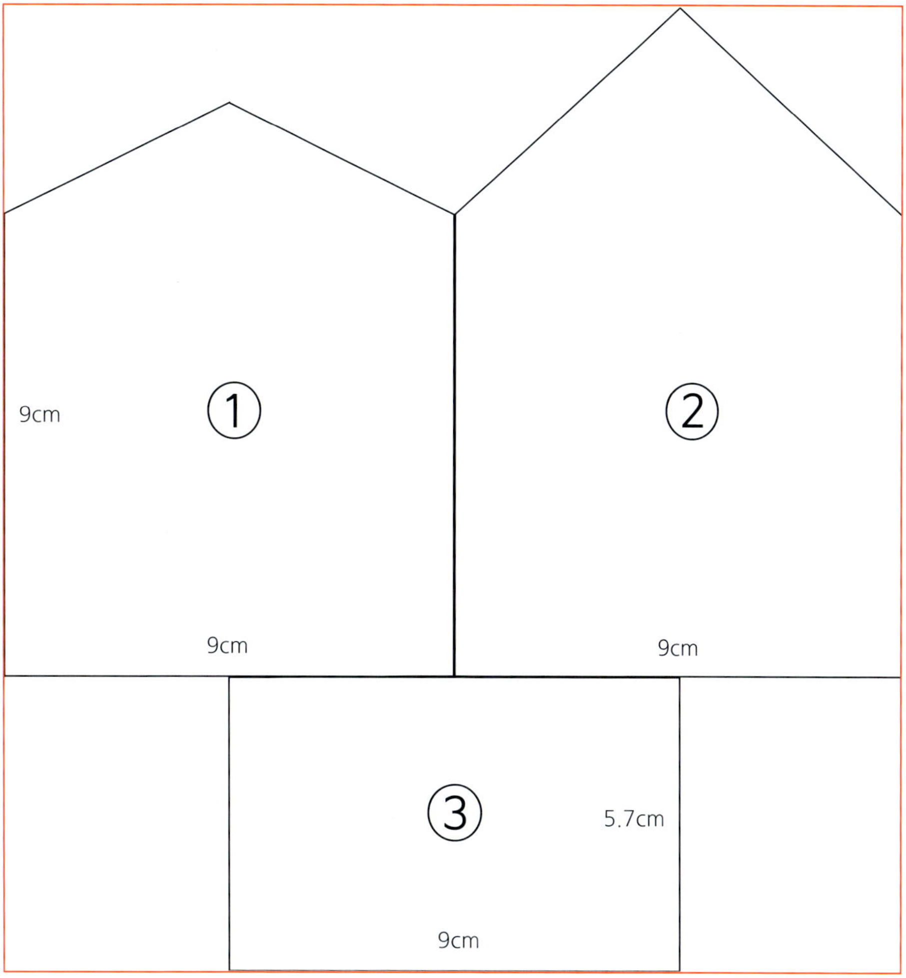

9cm ①

9cm

9cm ②

9cm

③   5.7cm

9cm

* 본 도안은 실제 크기보다 축소된 사이즈입니다.

자전거 리폼

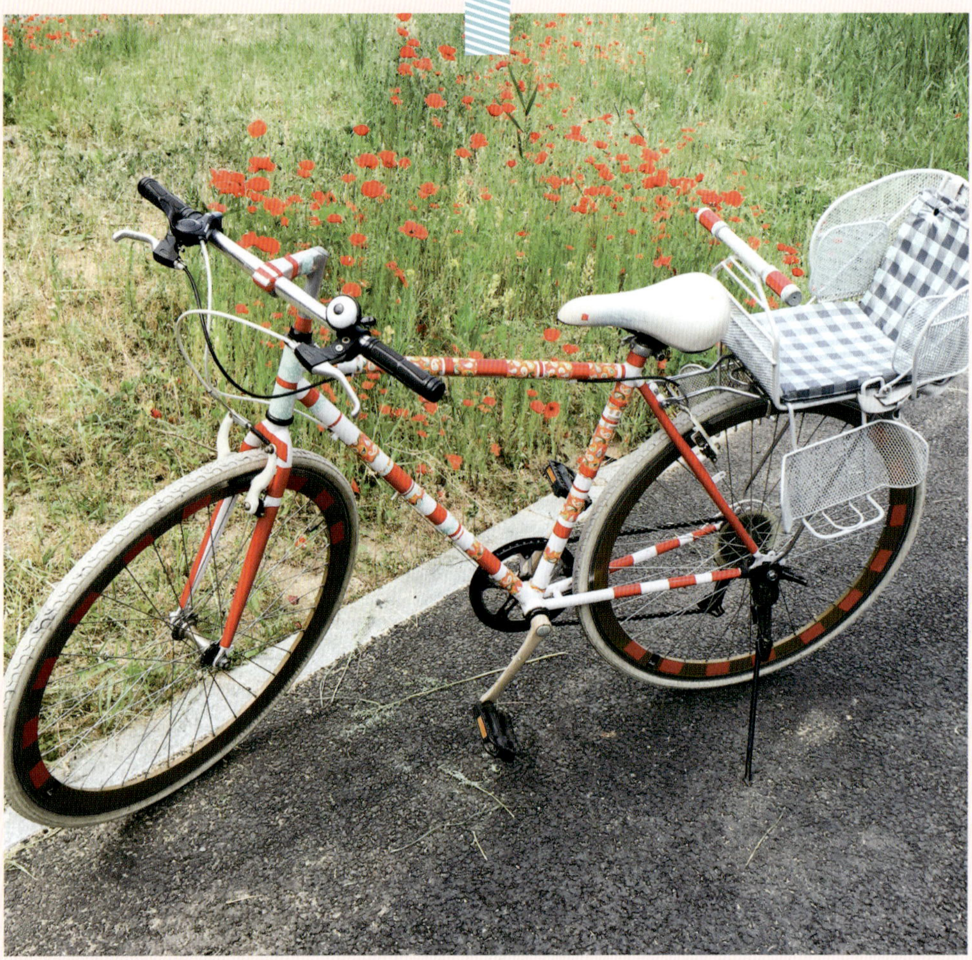

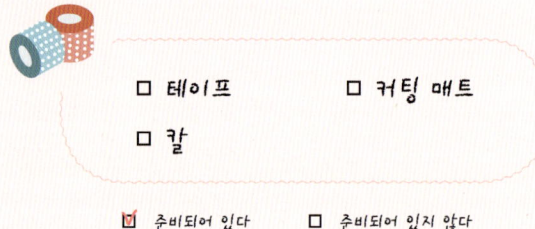

☐ 테이프　　☐ 커팅 매트

☐ 칼

☑ 준비되어 있다　　☐ 준비되어 있지 않다

01

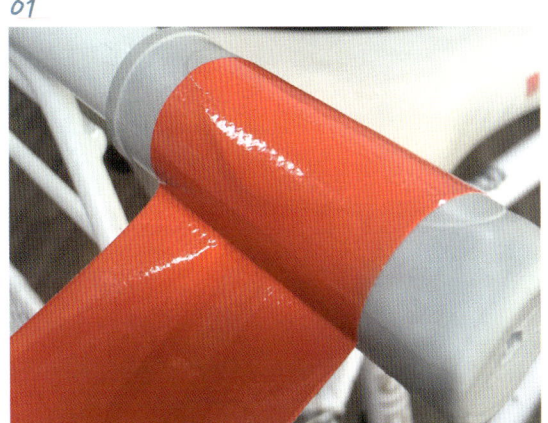

02

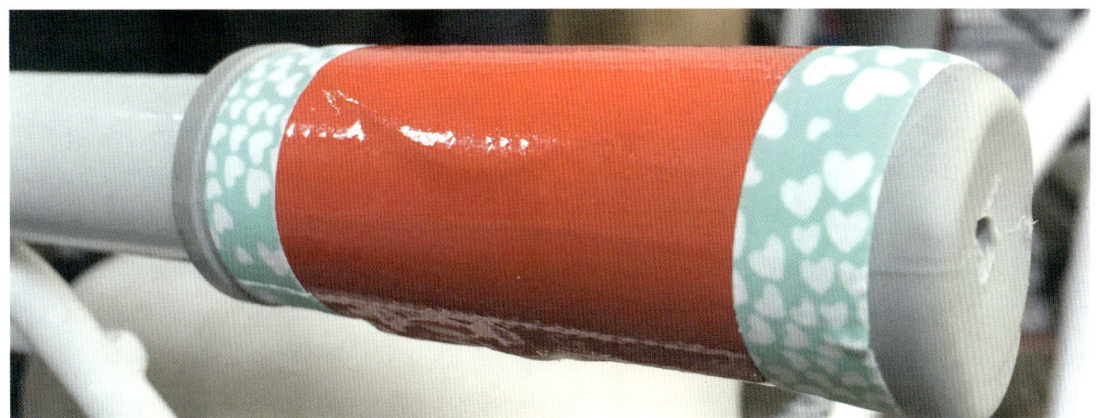

03

01	자전거의 손잡이에 테이프를 한 바퀴 돌려 붙입니다.
02	테이프를 길이 15cm, 폭 1cm 크기로 자릅니다.
03	자전거 손잡이에 붙인 테이프의 양쪽에 붙입니다.

04

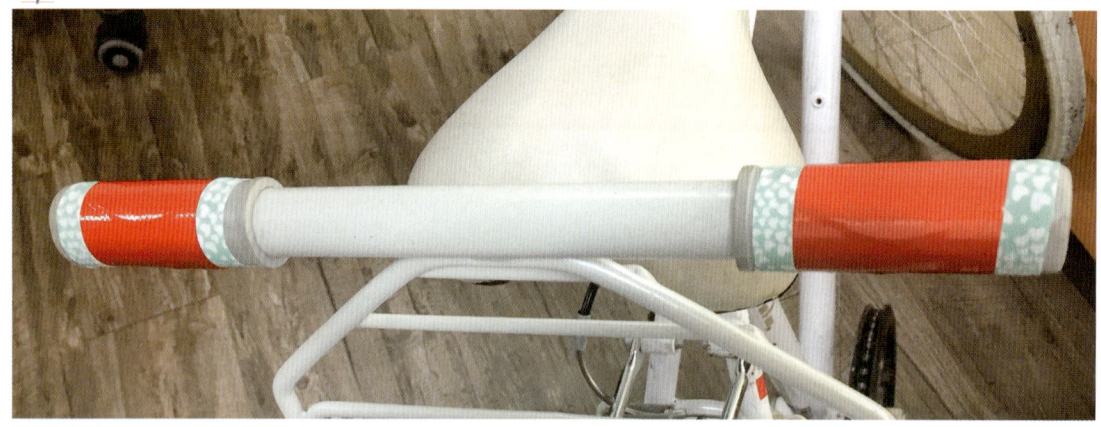

05

06

04   같은 방법으로 나머지 한쪽의 손잡이에도 테이프를 붙입니다.

05   테이프를 가로 2cm, 세로 2cm 크기로 자릅니다.

06   자전거의 보조의자 방석 부분의 모양에 맞춰 붙입니다.

07

08
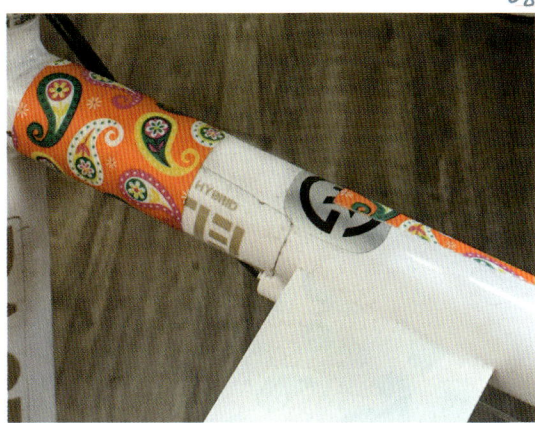

09

07   등받이까지 모두 붙인 모습입니다.

08   자전거 안장 아래쪽 봉 부분에 테이프를 한 바퀴 돌려 붙입니다.

09   다른 색상의 테이프를 사용하여 같은 방법으로 붙입니다.

10

11

12

10   테이프의 폭을 다양한 크기로 잘라 붙입니다.

11   테이프를 가로 2cm, 세로 1.5cm 크기로 자릅니다.

12   자전거의 바퀴에 붙입니다.

13

13   바퀴의 반만 테이프를 붙입니다.

완성   빨간색을 포인트로 한 자전거 리폼이 완성되었습니다.

완성

의자 리폼

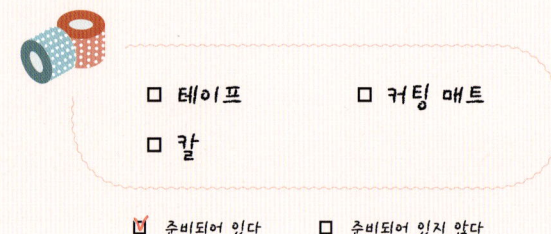

☐ 테이프   ☐ 커팅 매트

☐ 칼

☑ 준비되어 있다   ☐ 준비되어 있지 않다

01

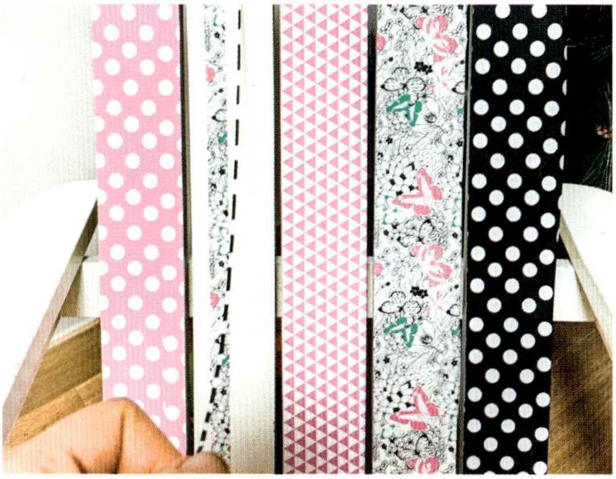

02

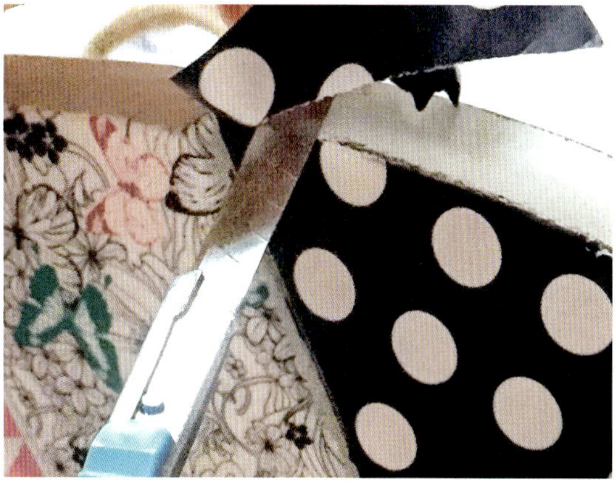

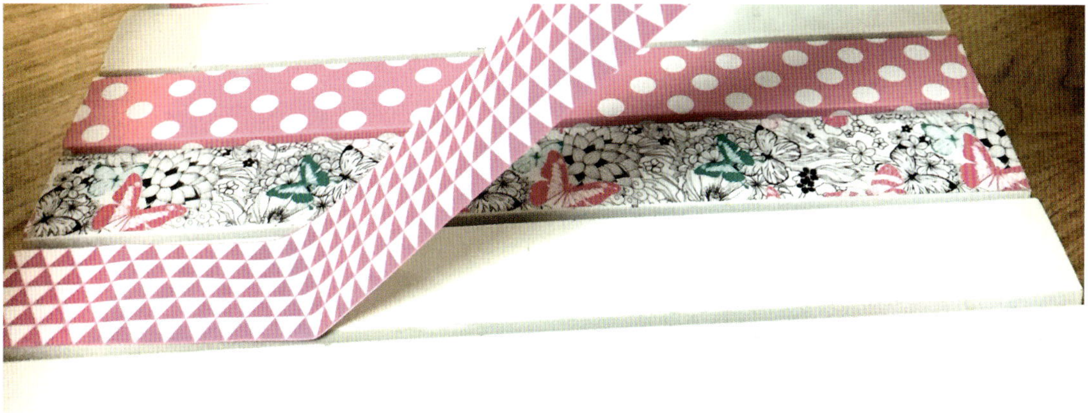

03

01   의자의 등받이에 테이프를 붙입니다.

02   등받이 위 둥근 쪽은 칼을 이용하여 자릅니다.

03   의자의 바닥에 테이프를 붙입니다.

04

05

06

04   의자 다리에 테이프를 한 바퀴 돌려 붙입니다.

05   테이프를 1cm 폭으로 잘라 한 바퀴 돌려 붙입니다.

06   의자 다리 모두 테이프를 붙인 모습입니다.

07

08

09

07 테이프를 1.5cm 폭으로 잘라 의자의 팔걸이 바깥쪽에 붙입니다.

08 의자의 팔걸이에 테이프를 한 바퀴 돌려 붙입니다.

09 양쪽 팔걸이 모두 테이프를 붙인 모습입니다.

10

11

10 테이프를 얇게 잘라 의자의 등받이 뒤쪽에 붙입니다.

11 테이프를 얇게 잘라 의자의 다리 뒤쪽에 붙입니다.

완성 의자의 리폼이 완성되었습니다.

완성

Q : 만들기 동영상이 있나요?

네이버 티브이와 유튜브에 [보니아라]에서 운영하는 채널이 있습니다. 다양한 만들기 동영
상들을 참고하여 예쁜 작품을 만들어 보시기 바랍니다.

네이버에서 [보니아라 diy 만들기 테이프 공예]를 검색해 보세요!

https://tv.naver.com/boniara

https://www.youtube.com/user/boniara3

28p에 실려있는 다용도 정리함 도안입니다.

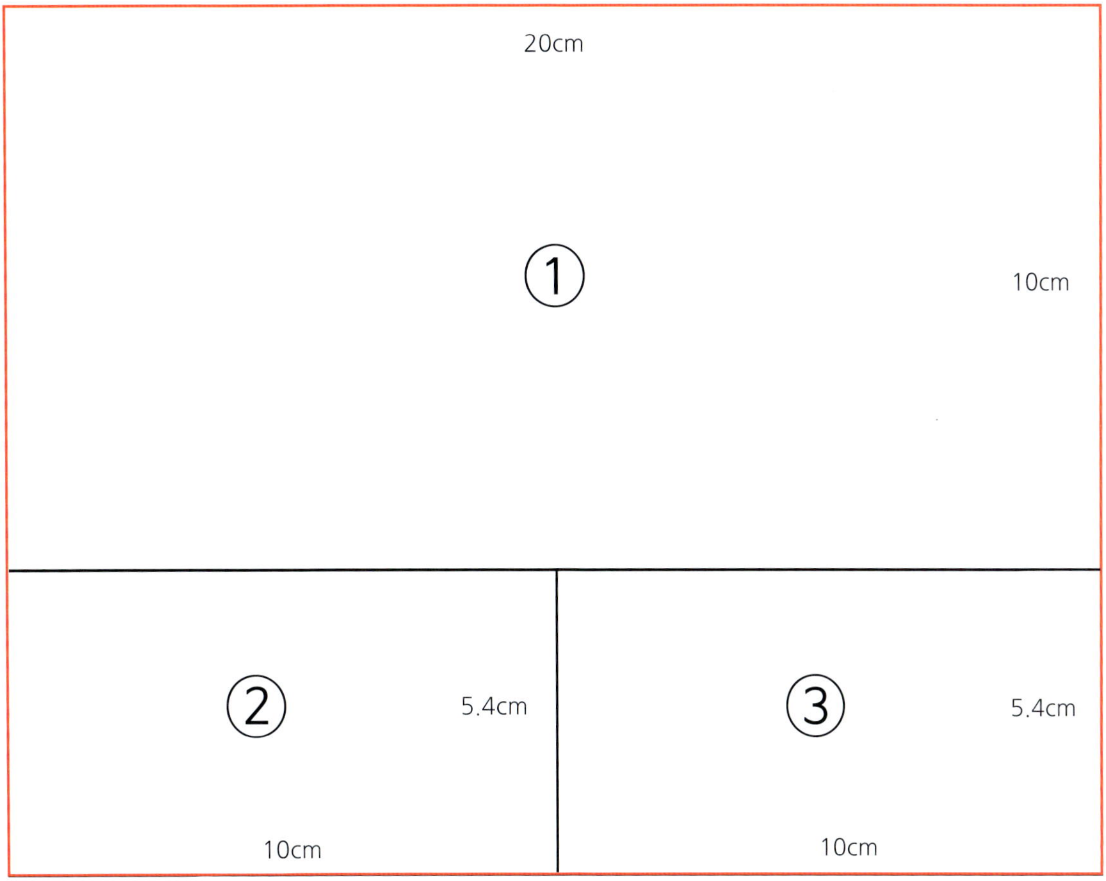

20cm

① 10cm

② 5.4cm

10cm

③ 5.4cm

10cm

* 본 도안은 실제 크기보다 축소된 사이즈입니다.

스케이트보드
리폼

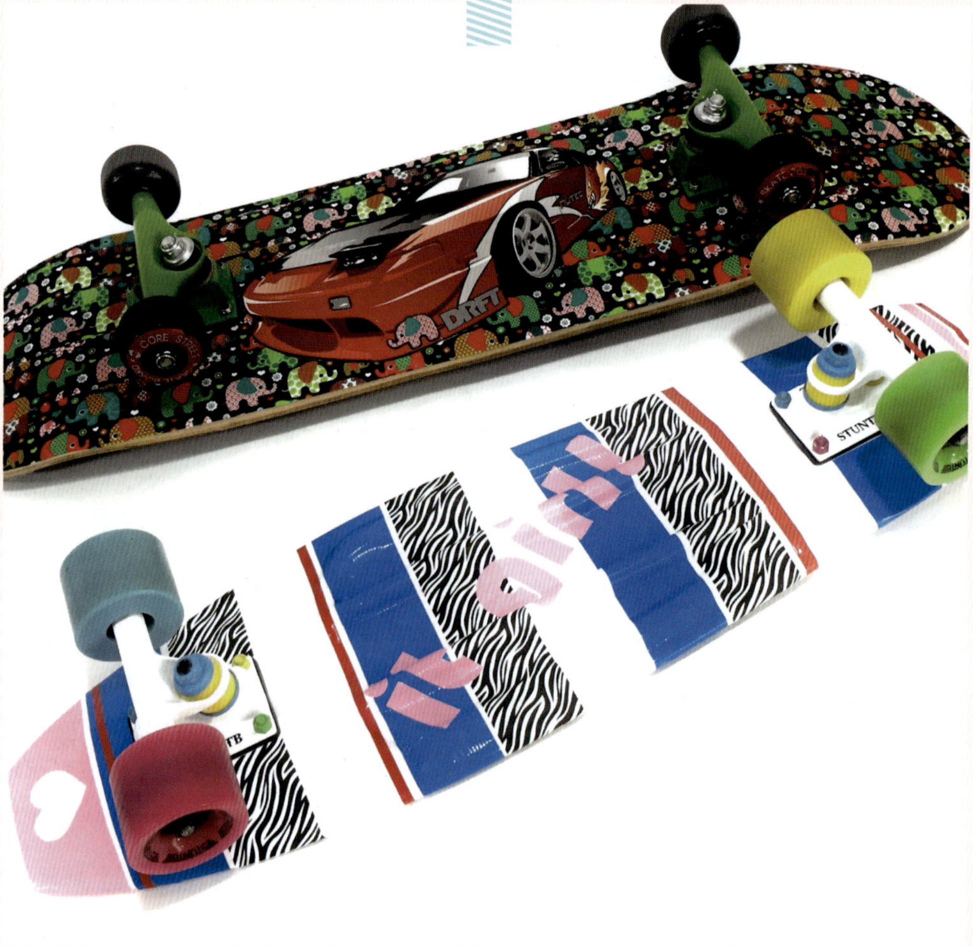

□ 테이프   □ 가위

□ 칼   □ 커팅 매트

☑ 준비되어 있다   □ 준비되어 있지 않다

01

02
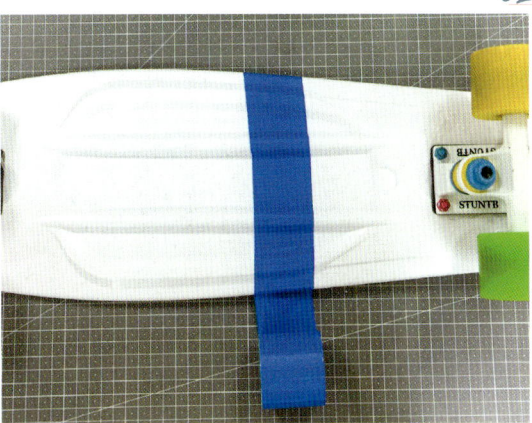

03

01　스케이트 보드를 뒤집어 놓습니다.

02　스케이트 보드의 몸통에 테이프를 한 바퀴 돌려 붙입니다.

03　다른 색상의 테이프들을 사용하여 스케이트 보드의 몸통에 테이프를 한 바퀴씩 돌려 붙입니다.

04   원하는 문구를 준비합니다. (프린터로 출력하거나, 잡지 등에서 오려서 준비합니다.)

05   테이프를 커팅 매트에 붙인 뒤, 테이프 위에 문구를 올립니다.

06   칼로 오립니다.

07

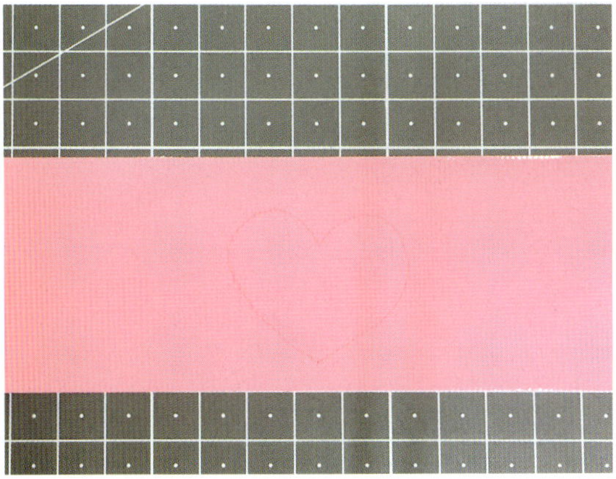

08

09

07   원하는 위치에 오려낸 문구를 붙입니다.

08   테이프를 20cm 길이로 자릅니다.

09   칼을 이용하여 하트 모양을 오려냅니다.

10

11

10 하트를 오려내고 남은 테이프를 스케이트 보드의 끝부분에 붙입니다.

11 오려낸 하트 모양의 테이프를 스케이트 보드의 반대쪽에 붙입니다.

완성 테이프를 폭 1.5cm, 길이 25cm 크기로 자른 뒤, 스케이트 보드에 포인트로 붙이면 리폼 완성입니다.

완성

Q : 테이프 공예 작품을 아이들도 만들 수 있나요?

보니아라 테이프는 SGS 인증을 받은 안전한 제품입니다.

전국의 초등학교와 학원에서 이미 많은 아이들이 테이프 공예로 즐거운 만들기 시간을 보내고 있습니다.

책에 수록된 다양한 방법과 간단한 재료만으로 아이들이 집에서도 재미있는 테이프 공예를 경험할 수 있습니다.

46p에 실려있는 두루마리 휴지 커버 도안입니다.

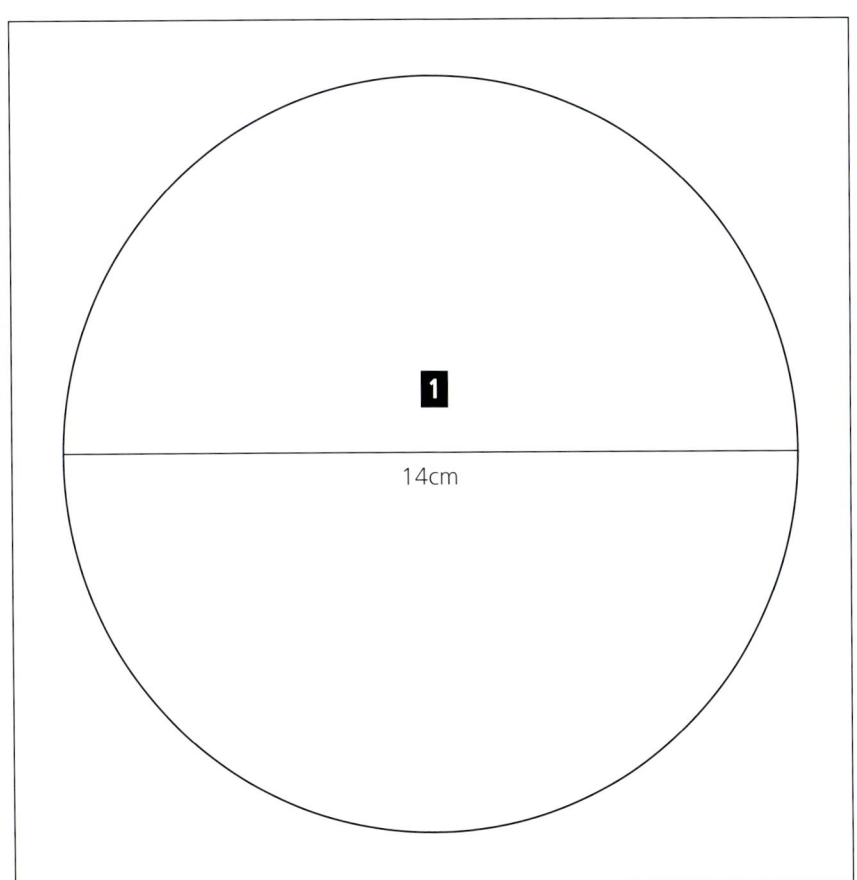

14cm

* 본 도안은 실제 크기보다 축소된 사이즈입니다.

05

롤스크린 리폼

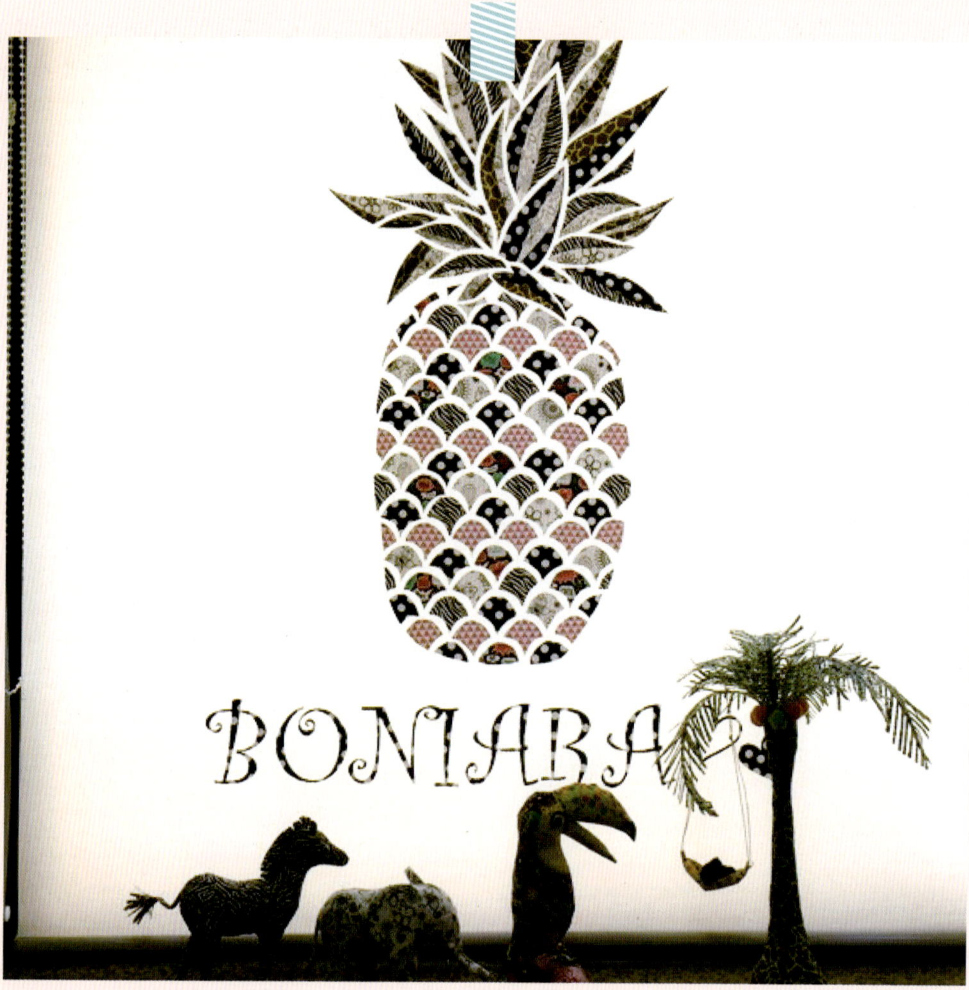

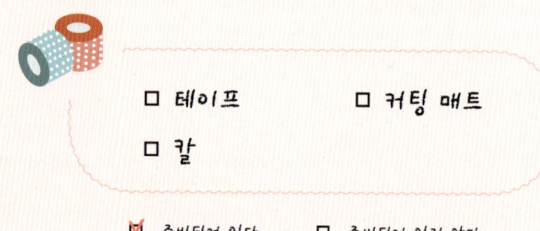

- ☐ 테이프
- ☐ 커팅 매트
- ☐ 칼

☑ 준비되어 있다 ☐ 준비되어 있지 않다

01　　**02**

03

04

01　　테이프를 길이 5cm 크기로 자릅니다.

02　　칼을 이용하여 사진과 같이 은행잎 모양으로 자릅니다.

03　　여러 가지 색상의 테이프를 사용하여 같은 모양으로 자른 뒤, 롤스크린에 붙입니다.

04　　맨 아래쪽은 칼로 둥글게 잘라 파인애플의 바닥 면을 표현합니다.

05

06

07

08

05 원하는 크기만큼 쌓아 올려붙인 뒤, 위쪽도 칼로 둥글게 잘라, 전체적인 형태를 동그랗게 만들어줍니다.

06 2가지 색상의 테이프를 커팅 매트에 붙인 뒤, 나뭇잎 모양으로 자릅니다.

07 나뭇잎 모양으로 한 개 더 자른 뒤, 다른 색상의 테이프 위에 붙입니다.

08 칼을 이용하여 나뭇잎의 모양으로 자릅니다.

09 10 11

09   나뭇잎 모양으로 만든 테이프를 커팅 매트에서 떼어 파인애플 위쪽에 붙입니다.

10   같은 방법으로 파인애플의 잎 부분을 풍성하게 만들어 붙입니다.

11   파인애플의 잎 부분이 완성된 모양입니다.

완성   테이프로 원하는 문구를 만들어서 롤스크린에 붙이면 완성입니다.

완성

테이크아웃 컵
재활용

- ☐ 테이프
- ☐ 칼
- ☐ 가위
- ☐ 커팅 매트

☑ 준비되어 있다   ☐ 준비되어 있지 않다

01

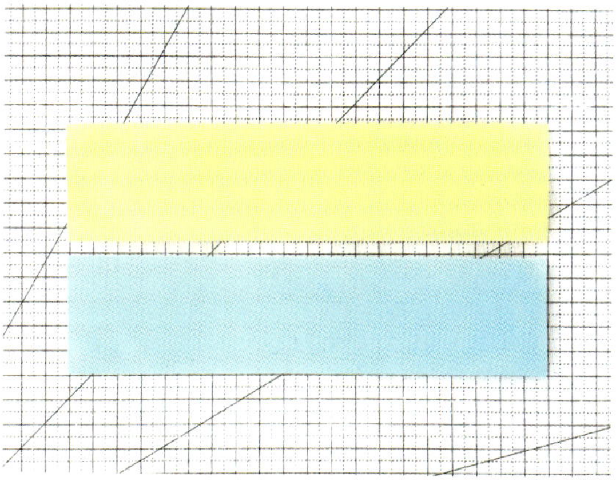

02

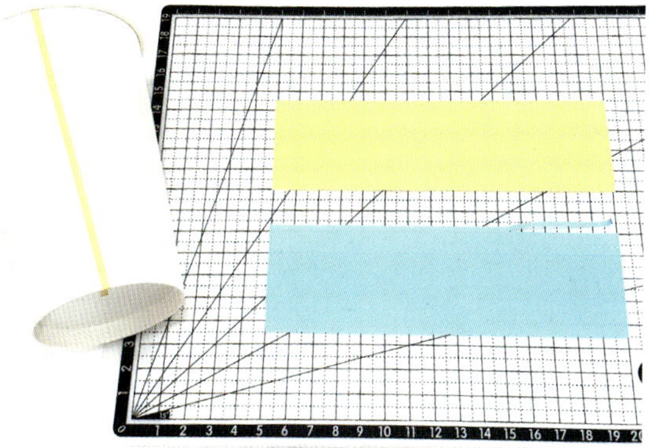

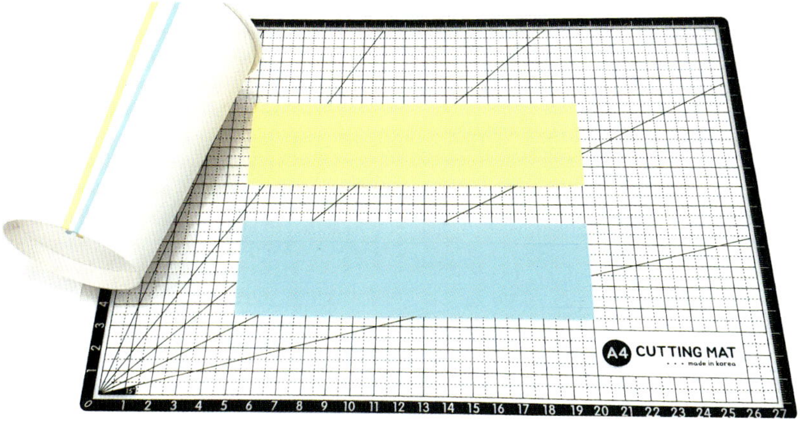

03

01 커팅 매트 위에 2가지 색상의 테이프를 붙인 뒤 20cm 길이로 자릅니다.

02 20cm 길이로 자른 테이프를 폭 0.5cm 크기로 길게 잘라 종이컵에 붙입니다.

03 [2번]의 과정을 반복합니다.

 04

05

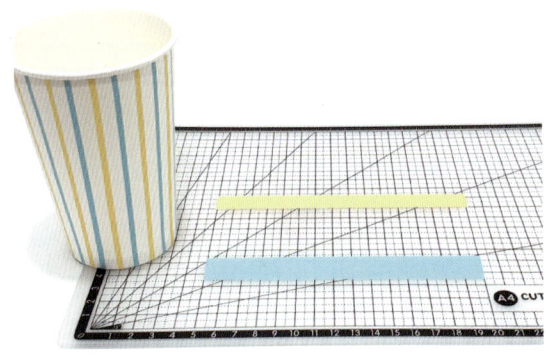

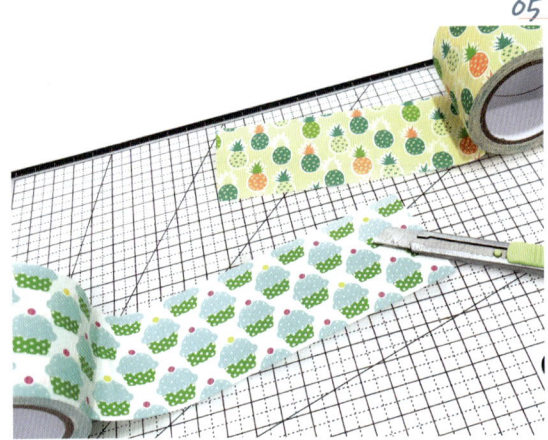

04 종이컵에 테이프를 모두 붙인 모습입니다.

05 커팅 매트에 테이프를 살짝 붙인 뒤 칼로 원하는 모양을 오립니다.

완성 오려낸 테이프를 종이컵에 붙이면 완성입니다.

완성

Q : 어른들이 재미있게 할 수 있는 작품은 어떤 건가요?

책에 수록된 내용을 기본으로 다양한 디자인의 예쁜 파우치들과 에코백을 추천합니다.

리폼이나 재활용, 꾸미기 등 자투리 테이프를 이용한 깨알 같은 생활 인테리어도 가능합니다.

196p에 실려있는 나비 볼펜 도안입니다.

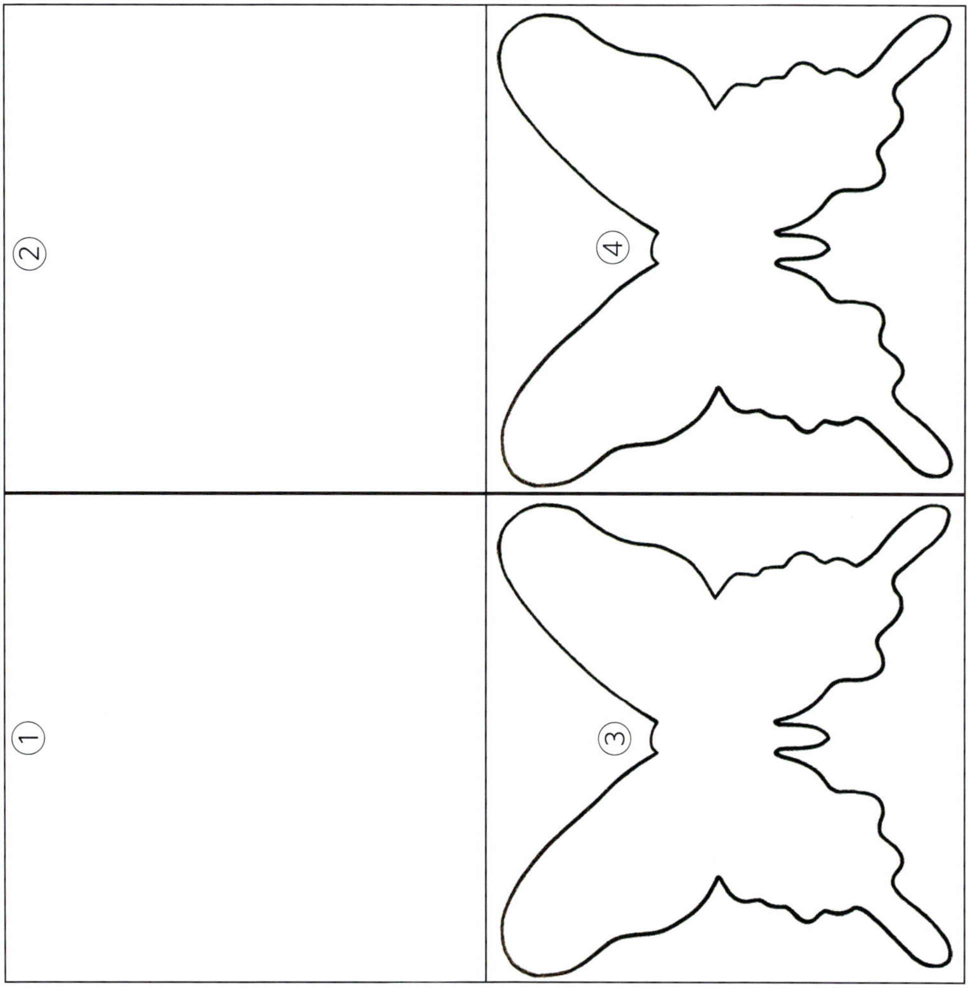

* 본 도안은 실제 크기보다 축소된 사이즈입니다.

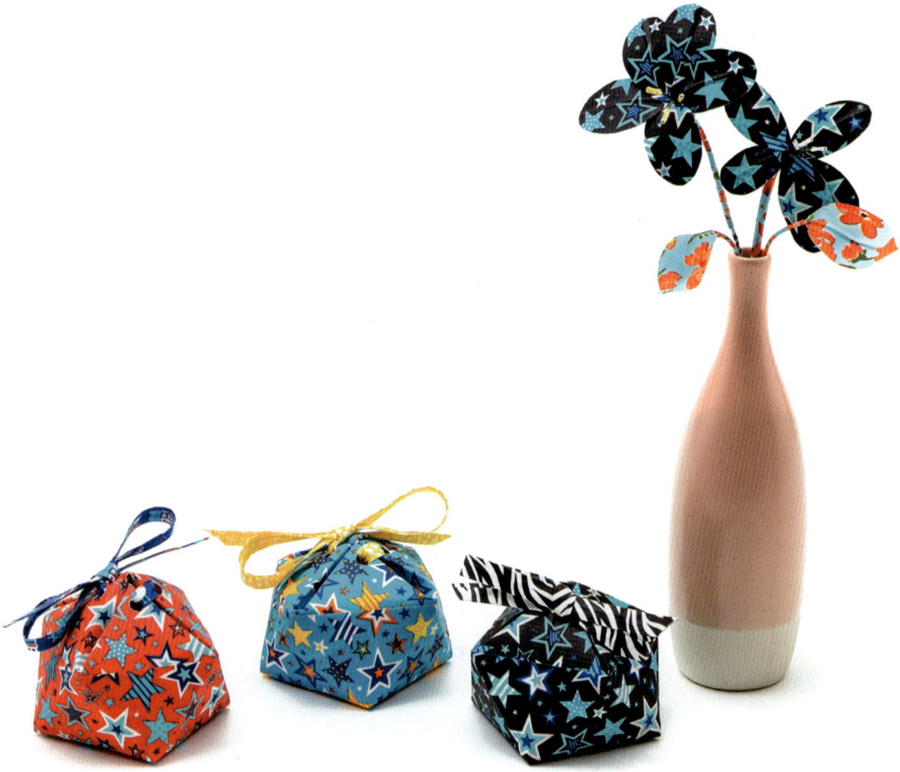

□ 테이프   □ 끈   □ 칼   □ 스테이플러
□ 우유팩   □ 송곳   □ 가위   □ 커팅 매트

☑ 준비되어 있다   □ 준비되어 있지 않다

01

02

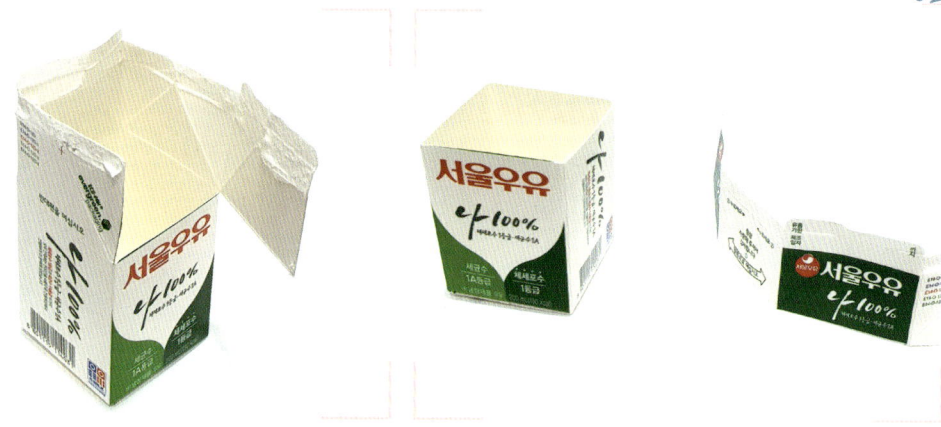

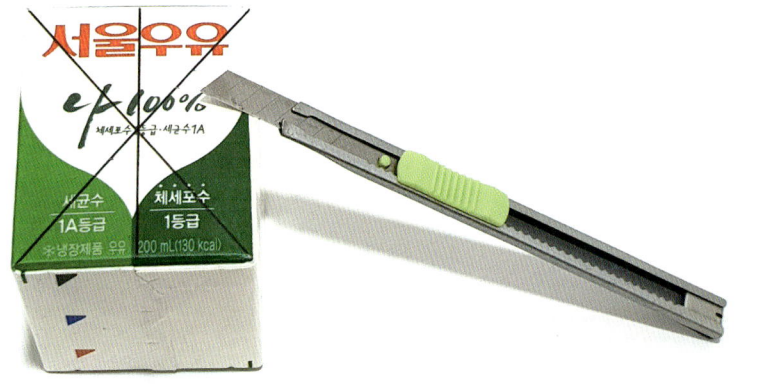

03

01　　사진과 같은 모양으로 우유팩의 위쪽을 자릅니다.

02　　잘라낸 위쪽은 버리고 상자 모양의 우유팩 아래쪽만 사용합니다.

03　　볼펜을 이용하여 우유팩의 네 면에 사진과 같은 모양을 그린 뒤, 나중에 잘 접힐 수 있게 칼로 한
　　　번씩 더 자국을 냅니다.

04

05

06

04 우유팩의 위쪽에 1cm의 여유를 두고 테이프를 한 바퀴 돌려 붙입니다.

05 1cm 여유로 남겨둔 테이프는 안쪽으로 접어서 붙입니다.

06 우유팩의 아래쪽도 1cm 여유를 두고 테이프를 한 바퀴 돌려 붙입니다.

07   08

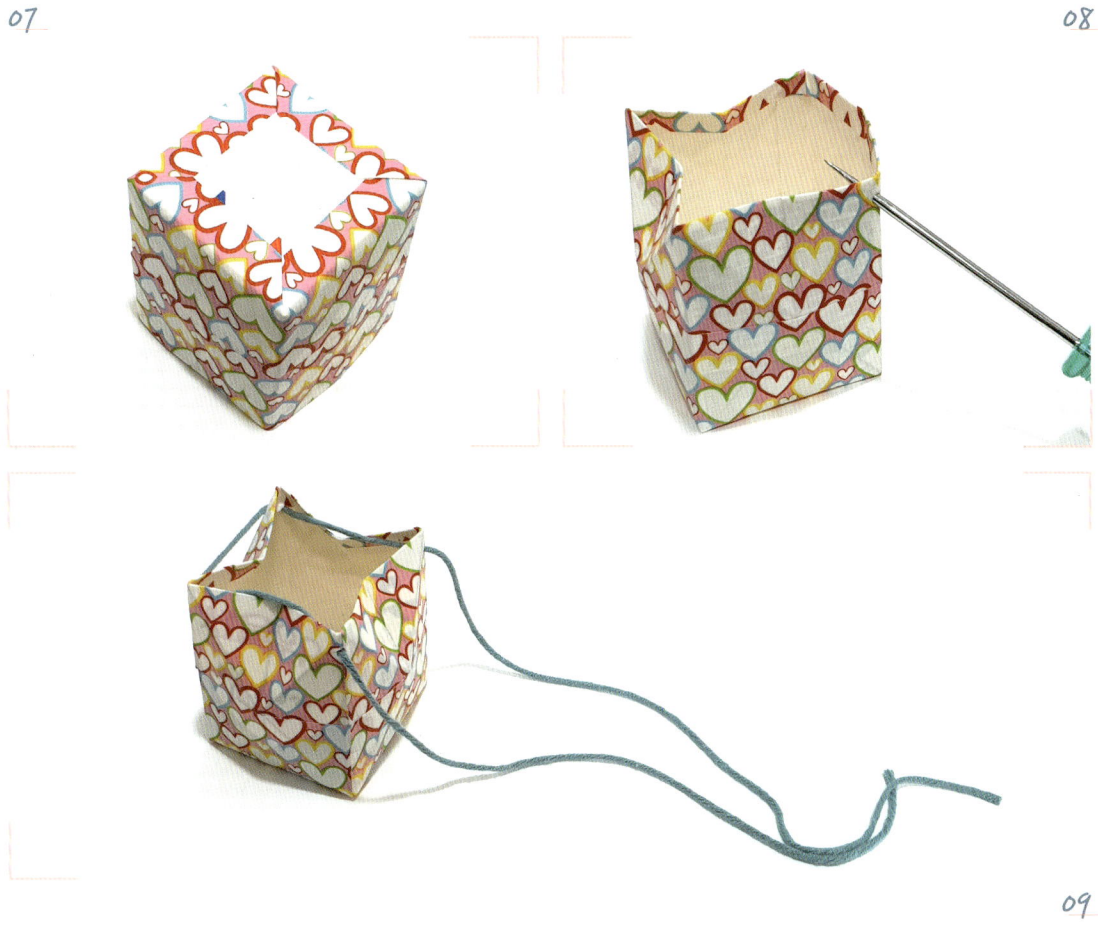

09

07   테이프의 남은 부분은 바닥 쪽으로 접어서 붙입니다.

08   송곳을 이용하여 우유팩 상단 4군데의 모서리에 구멍을 뚫은 뒤, [3번]에서 그려 놓은 칼선을 이용하여 선물상자의 모양대로 접습니다.

09   구멍에 끈을 끼웁니다.

10

11

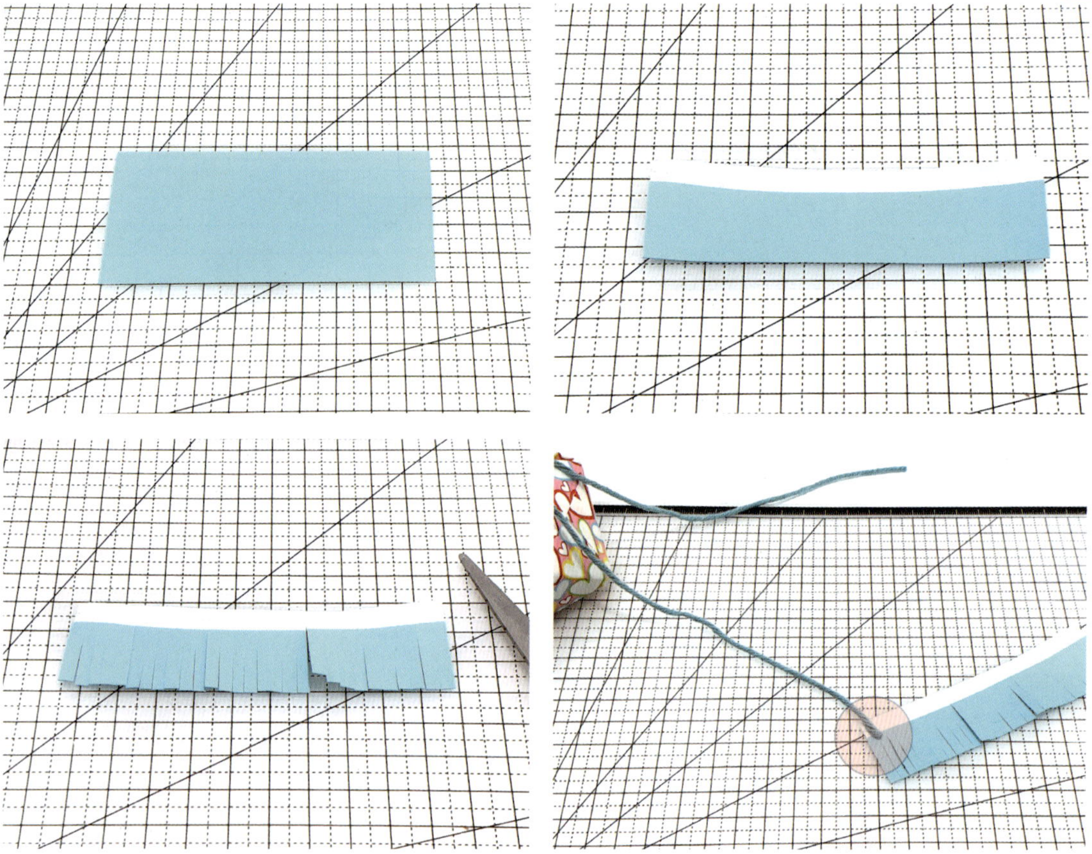

12

13

10 테이프를 10cm 길이로 자릅니다.

11 테이프의 위쪽에 0.5cm 여유를 두고 접어서 붙입니다.

12 가위를 이용하여 0.5cm 간격으로 자릅니다. 위쪽의 0.5cm의 끈끈한 여유 부분은 자르지 않습니다.

13 사진과 같은 위치에 끈의 끝부분을 붙입니다.

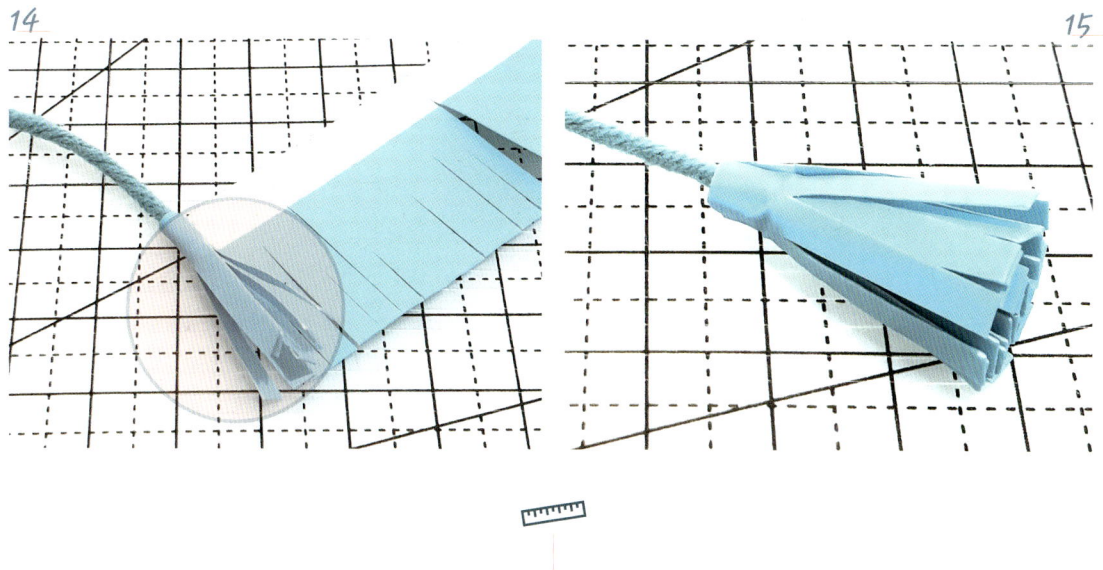

14   끈의 끝부분을 돌돌 감습니다.

15   끝까지 감아서 완성한 모습입니다.

완성   다른 색상의 테이프로 태슬을 한 개 더 만들고 끈을 묶으면 완성됩니다.

완성

TAPE CRAFT

Class 04

아이와 함께

아이스크림 스틱 꽃게

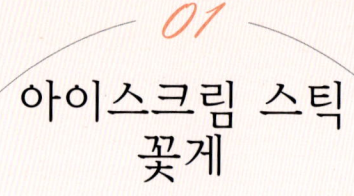

□ 테이프   □ 철사   □ 칼   □ 커팅 매트

□ 아이스크림 스틱   □ 무빙 아이   □ 가위

☑ 준비되어 있다   □ 준비되어 있지 않다

난이도 : ★☆☆☆☆ 소요시간 : 30분 테이프 소요량 : 60cm

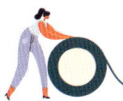

01

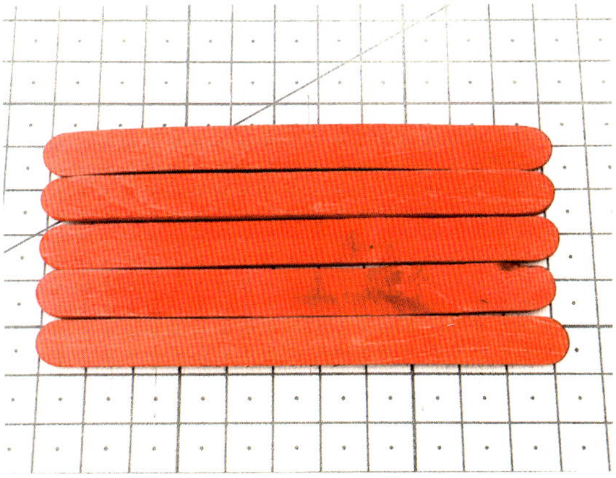

02

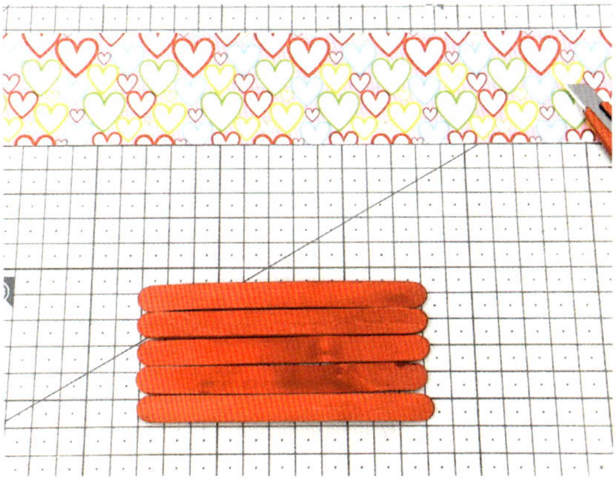

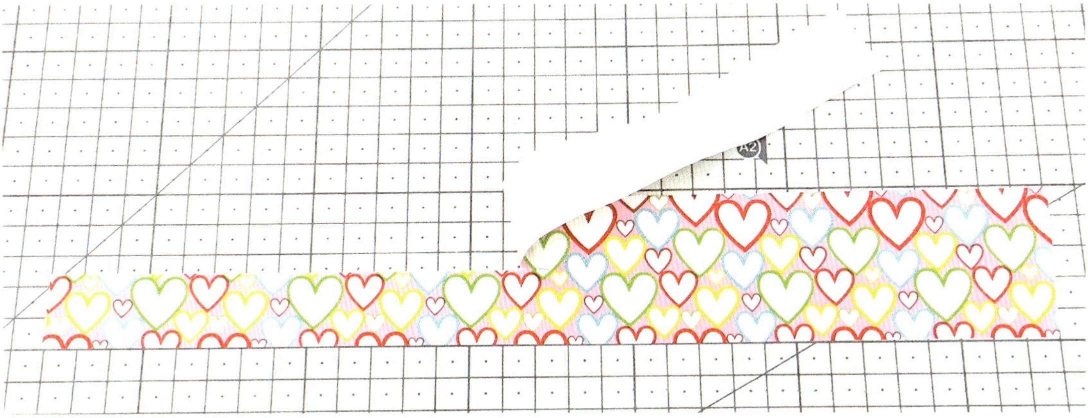

03

01 아이스크림 스틱 5개를 가지런히 놓습니다.
(아이스크림 스틱은 물감이나 펜으로 색칠하여 재활용해서 사용하거나,
색상이 입혀진 제품을 문구점에서 구매하여 사용해도 됩니다.)

02 테이프를 30cm 길이로 자릅니다.

03 30cm 길이로 자른 테이프를 가로로 길게 반으로 자릅니다.

04

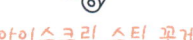

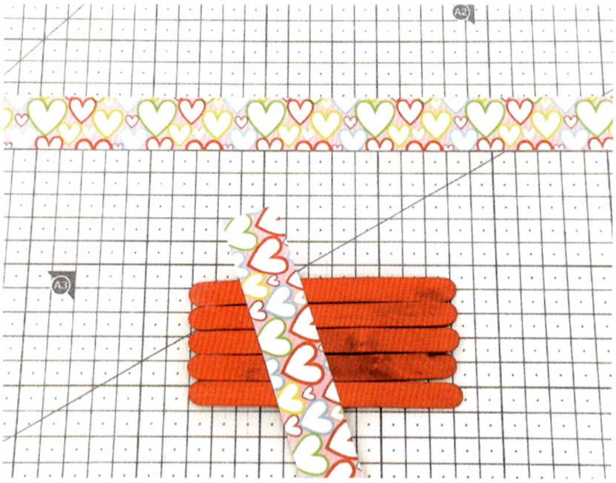

05

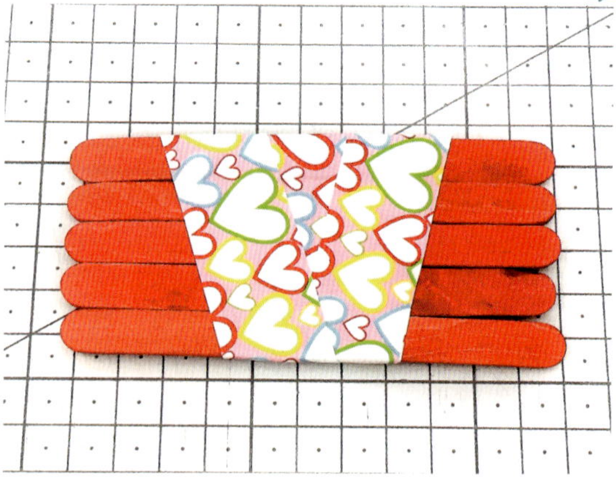

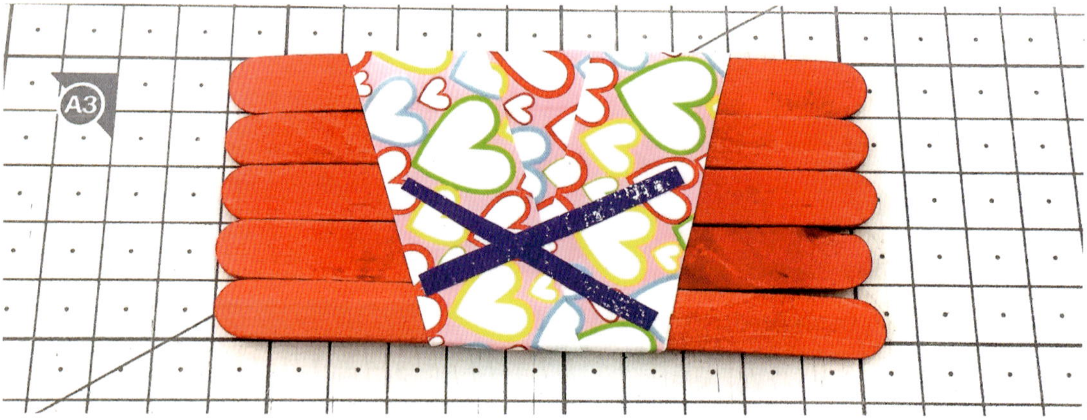

06

04 아이스크림 스틱 위에 사선으로 붙입니다.

05 아이스크림 스틱 뒤쪽까지 여러 번 돌려 붙입니다.

06 다른 색상의 테이프를 얇게 잘라서 꽃게의 배 위에 X 모양으로 붙입니다.(앞면)

07

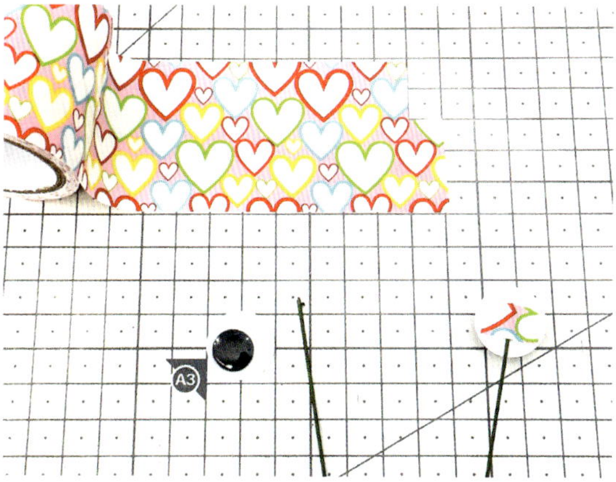

08

09

07   꽃게의 뒷면에 아이스크림 스틱을 붙여서 집게발을 만듭니다.

08   철사를 약 10cm 정도 자른 뒤, 무빙 아이를 붙여서 꽃게의 눈을 만듭니다.

09   꽃게의 뒷면에 철사로 만든 눈을 붙입니다.

10

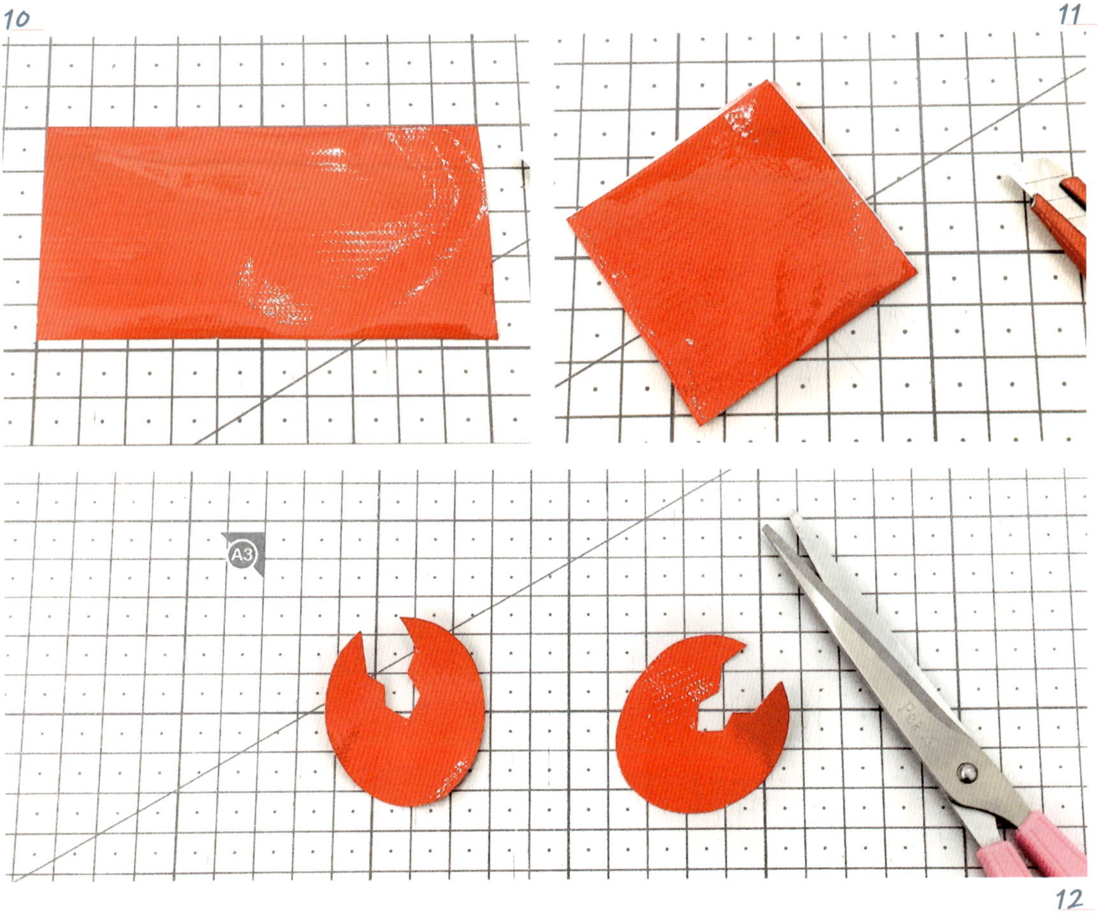

11

12

10	테이프를 10cm 길이로 자릅니다.
11	자른 테이프를 반 접어 붙입니다.
12	집게 모양으로 자릅니다. (총 2개의 집게 모양을 만듭니다.)

13

13   집게 모양으로 자른 테이프를 집게발에 붙입니다.

완성   귀여운 꽃게가 완성되었습니다.

완성

아이스크림 스틱
잠자리

□ 테이프　　　□ 철사　　　□ 칼　　　□ 양면테이프　　□ 커팅 매트

□ 아이스크림 스틱　□ 무빙 아이　　□ 가위　　□ 스테이플러

☑ 준비되어 있다　　□ 준비되어 있지 않다

01

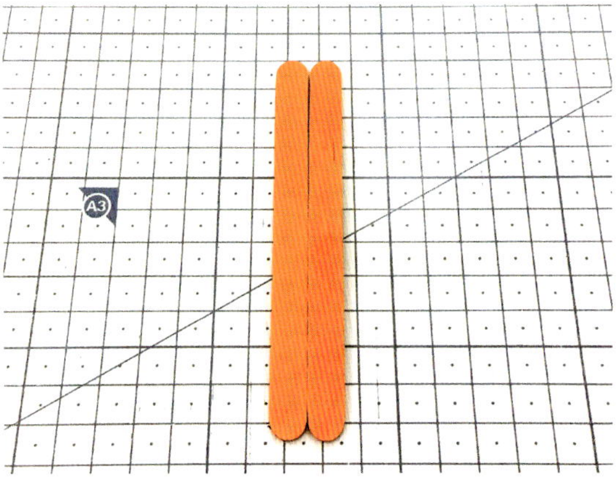

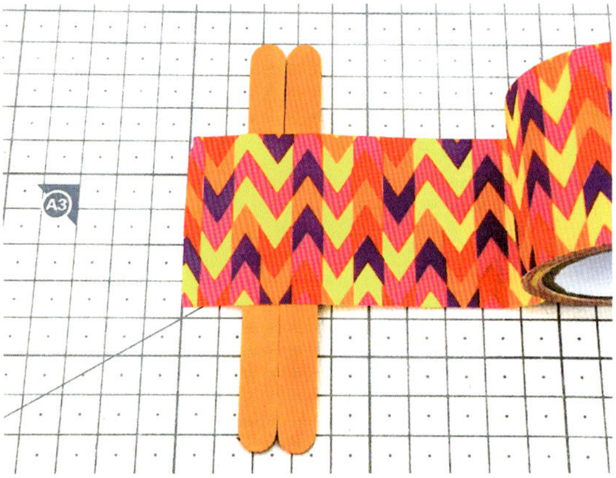

02

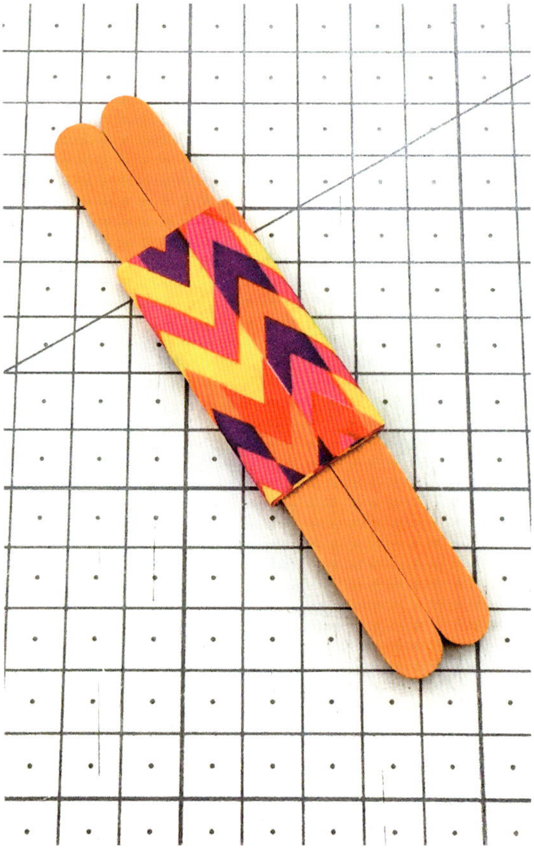

03

01   아이스크림 스틱 2개를 가지런히 놓습니다.

(아이스크림 스틱은 물감이나 펜으로 색칠하여 재활용해서 사용하거나,

색상이 입혀진 제품을 문구점에서 구매하여 사용해도 됩니다.)

02   테이프로 아이스크림 스틱을 뒤쪽까지 돌려 붙입니다.

03   여러 번 감아서 통통한 잠자리의 몸통을 만듭니다.

04

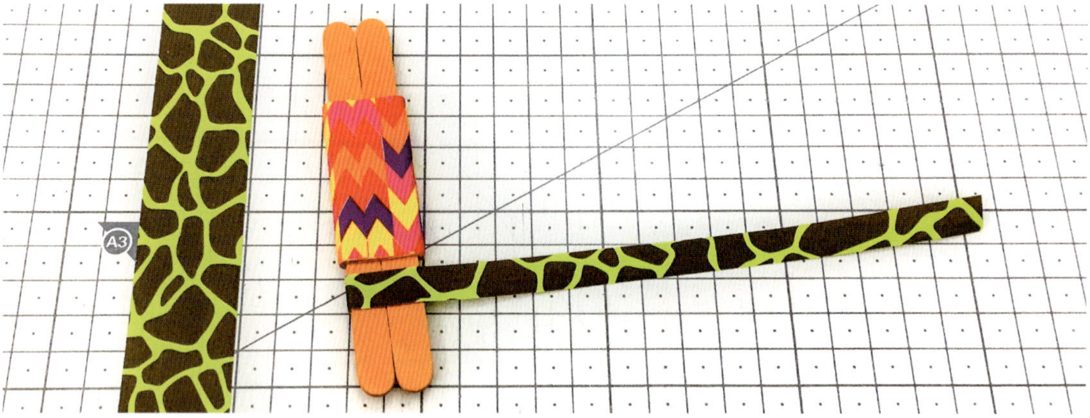

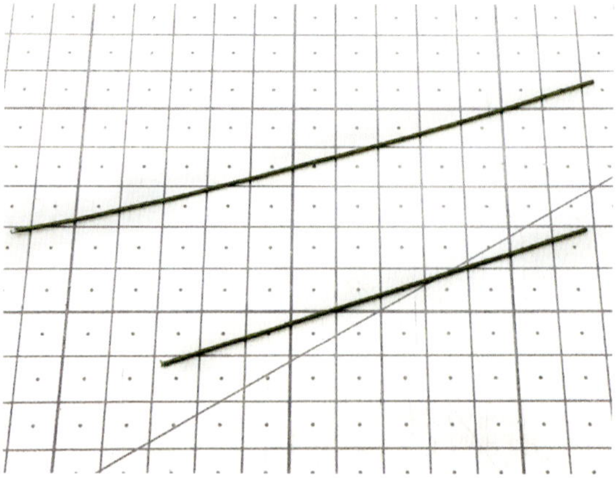

05

06

04	테이프를 1cm 정도 폭으로 잘라 몸통 바로 아래 부분을 한 바퀴 돌려 붙입니다.
05	사진처럼 간격을 두어 테이프를 한 줄 더 붙여서 잠자리의 꼬리를 표현합니다.
06	철사를 15cm, 12cm 길이로 자릅니다.

07

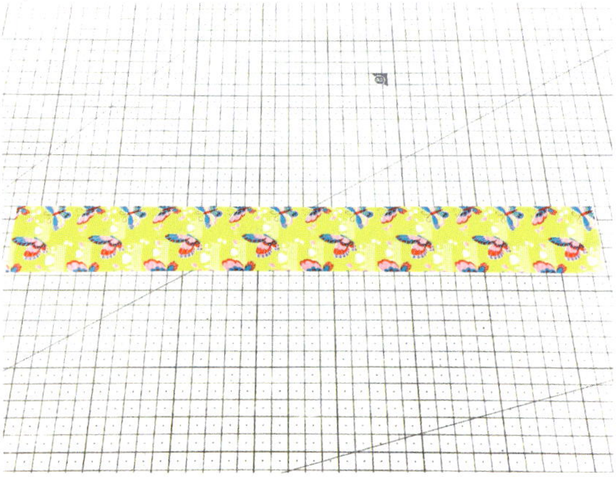

08

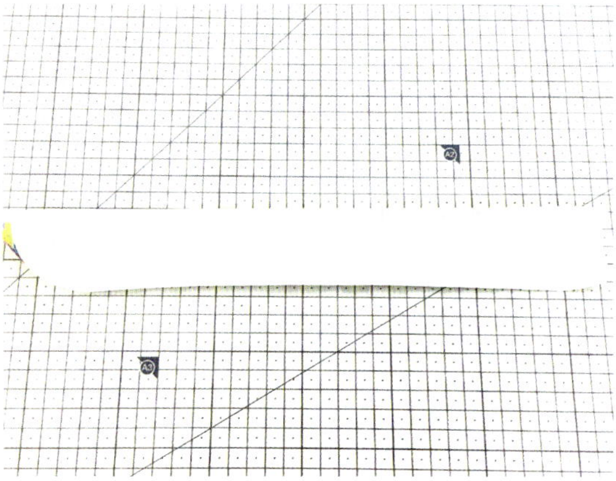

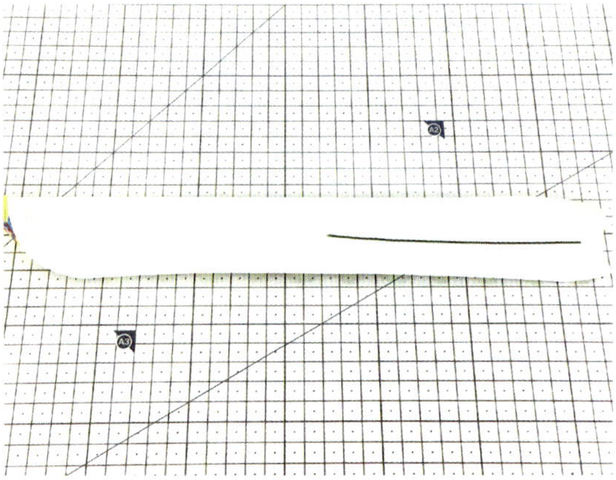

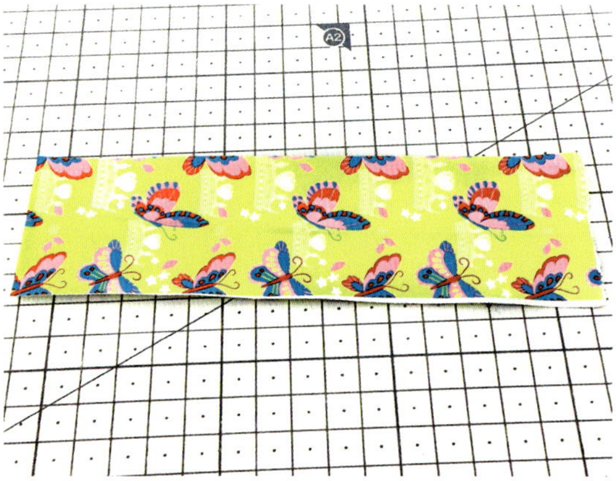

09

10

07 테이프를 40cm 길이로 자릅니다.

08 테이프의 접착 면이 보이게 뒤집습니다.

09 사진과 같은 위치에 15cm로 자른 철사를 올립니다.

10 테이프를 반으로 접어서 맞붙입니다.

11

12

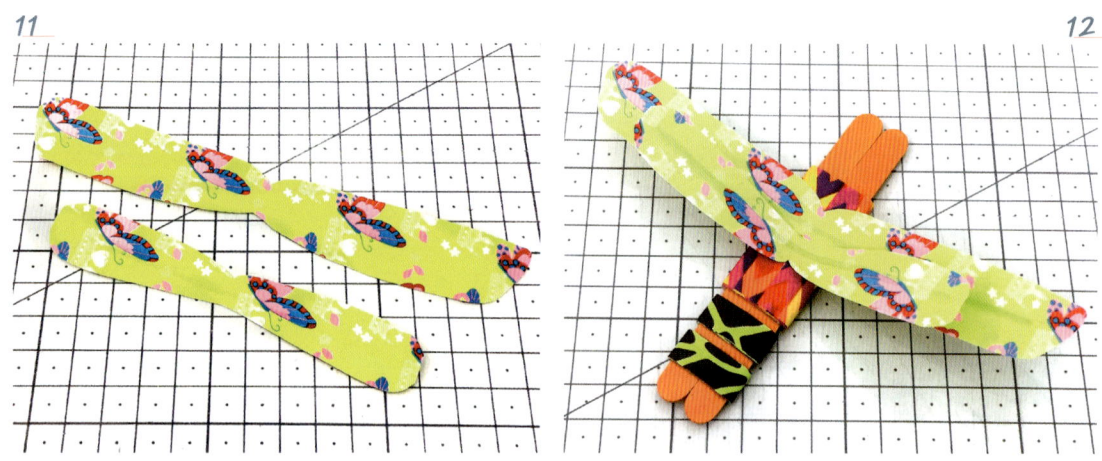

11 　잠자리의 날개 모양으로 자릅니다. 같은 방법으로 작은 날개도 만듭니다.

12 　양면테이프나 스테이플러 등을 이용하여 날개 2개를 몸통에 고정합니다.

완성 　무빙 아이를 붙이고, 날개를 살짝 접어 입체감을 표현하면 잠자리가 완성됩니다.

완성

Q : 테이프 공예 자격증이 있나요?

있습니다. 테이프 공예 자격증은 온라인에서 쉽게 취득 가능하며, 자격증 취득 후에는 강사나 공방 운영 등 다방면으로 활용할 수 있습니다.

· 문의 : 홈페이지, 전화 문의 (02-523-9999)

204p에 실려있는 휴지심 개구리 도안입니다.

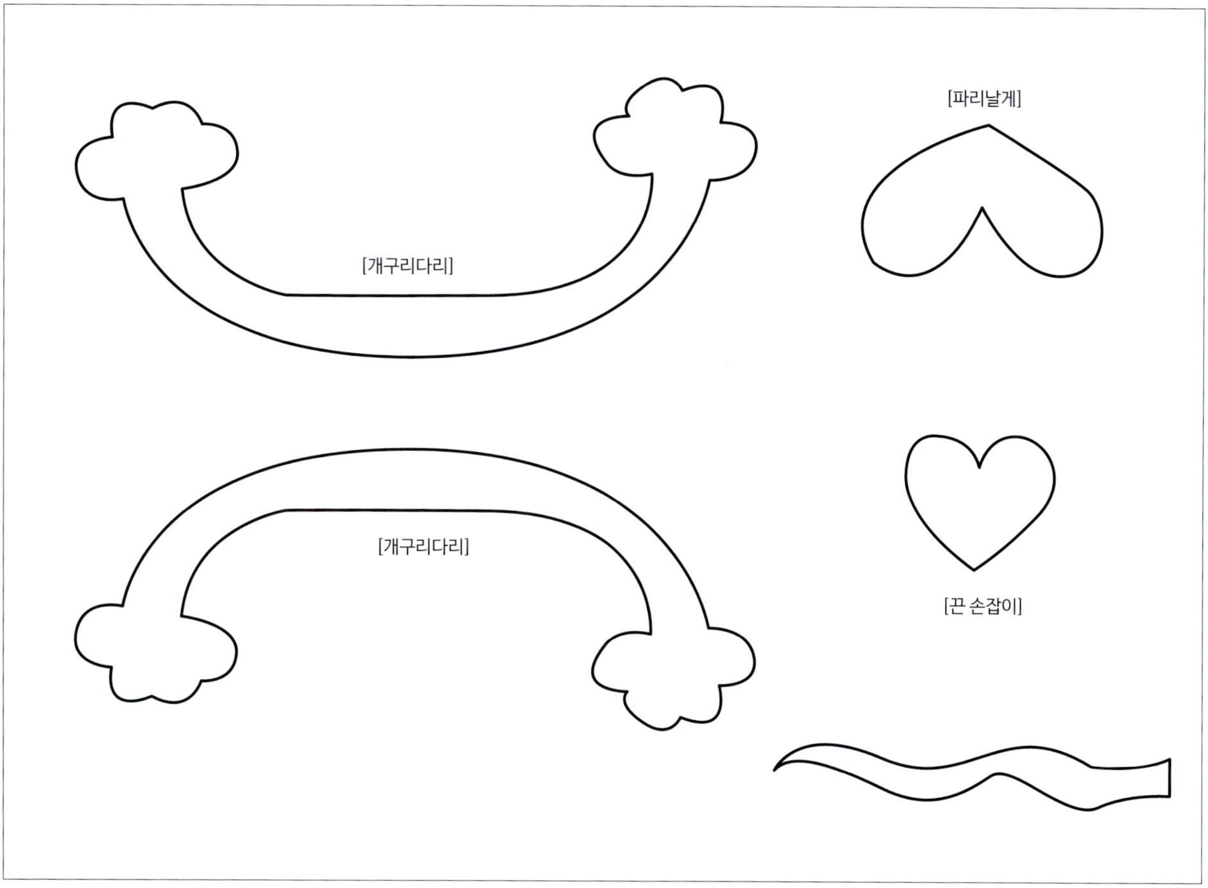

[파리날게]

[개구리다리]

[개구리다리]

[끈 손잡이]

* 본 도안은 실제 크기보다 축소된 사이즈입니다.

움직이는
종이컵 무당벌레

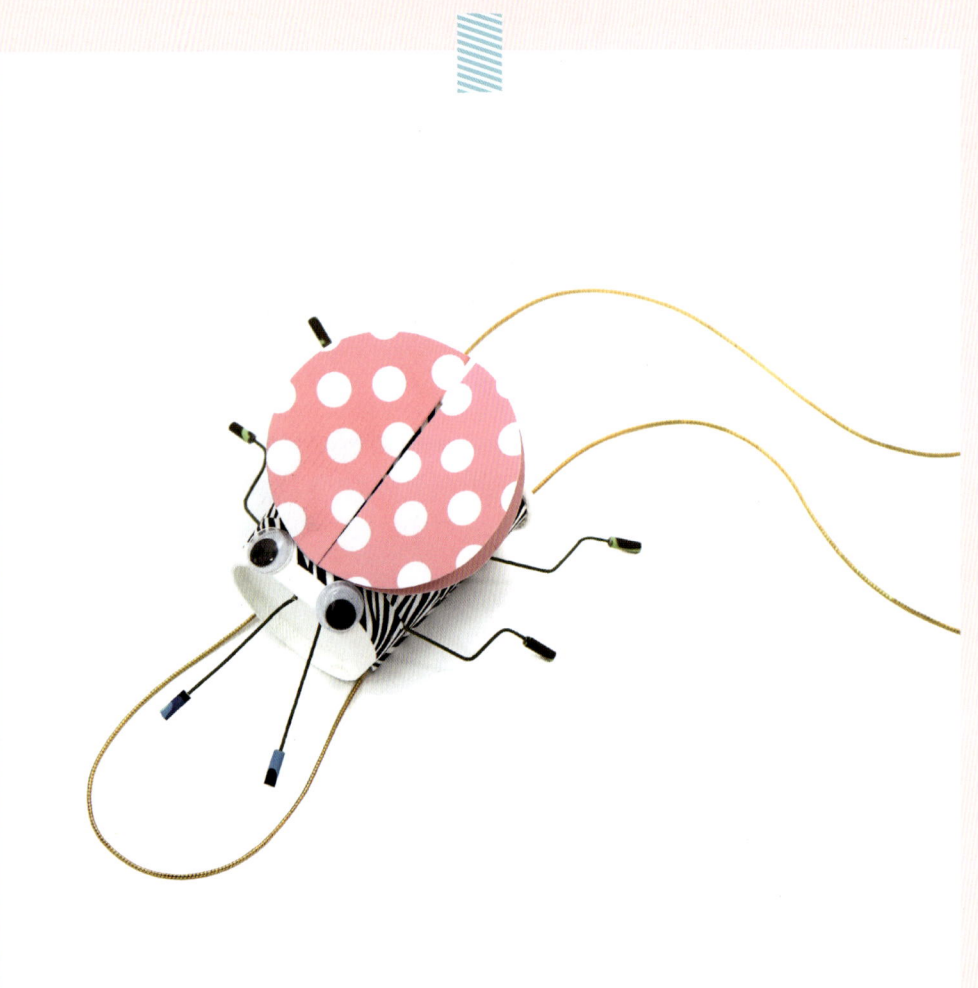

□ 테이프　　□ 철사　　□ 무빙 아이　　□ 칼　　□ 스테이플러
□ 종이컵　　□ 끈　　□ 종이　　□ 가위　　□ 커팅 매트

☑ 준비되어 있다　　□ 준비되어 있지 않다

01

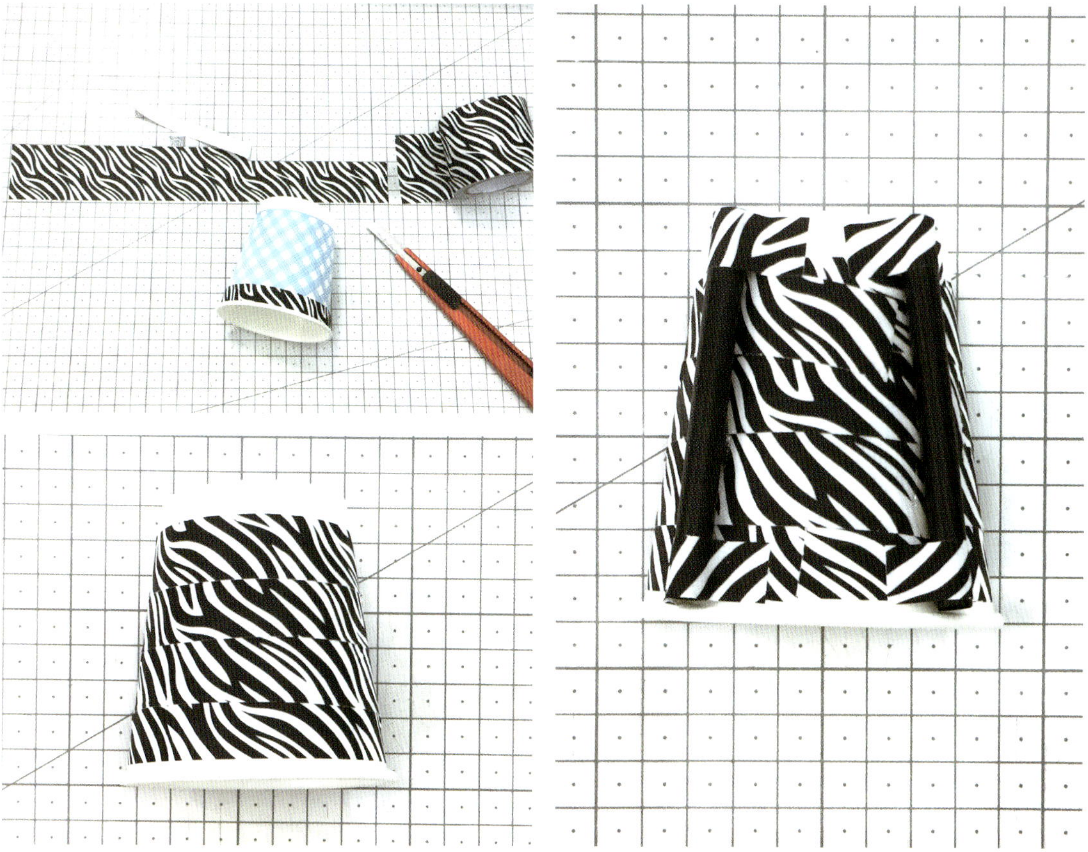

02

03

01	테이프를 길이 25cm, 폭 1cm 정도 크기로 자릅니다.
02	종이컵 전체를 테이프로 한 바퀴씩 돌려서 붙입니다.
03	빨대를 7cm 길이로 2개 자른 뒤, 종이컵에 붙입니다.

04

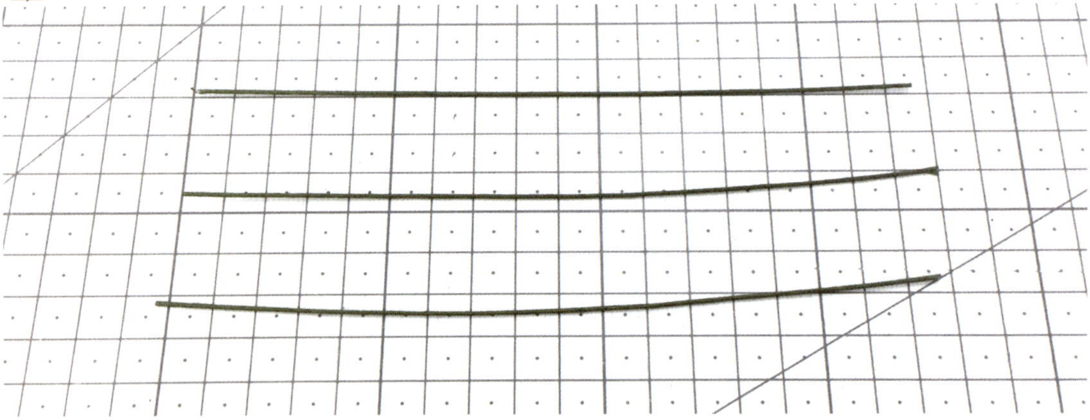

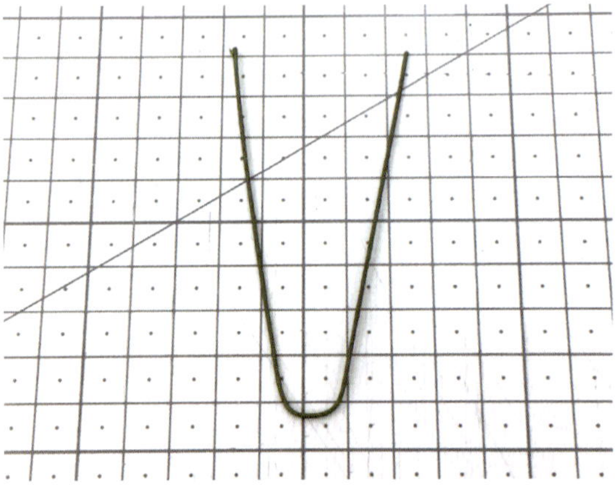

05   **06**

04   철사를 17cm 길이로 잘라 총 3개 준비합니다.

05   철사 1개를 사진과 같은 V형태의 모양으로 접습니다.

06   종이컵 바닥 쪽 사진과 비슷한 위치에 구멍 2개를 작게 뚫습니다.

07

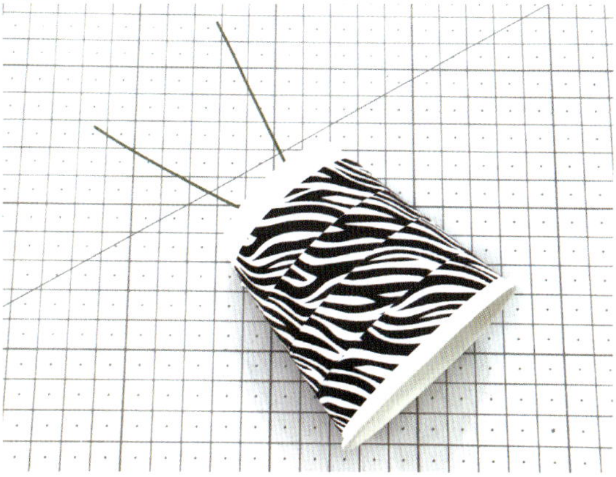

08

A3

09

07   [5번]에서 접어 놓은 철사를 종이컵 안쪽으로 넣어서 더듬이를 만듭니다.

08   종이컵 옆면 동그라미 부분에 구멍을 작게 뚫습니다. (반대쪽도 똑같이 구멍을 뚫습니다.)

09   구멍에 철사를 넣습니다.

10

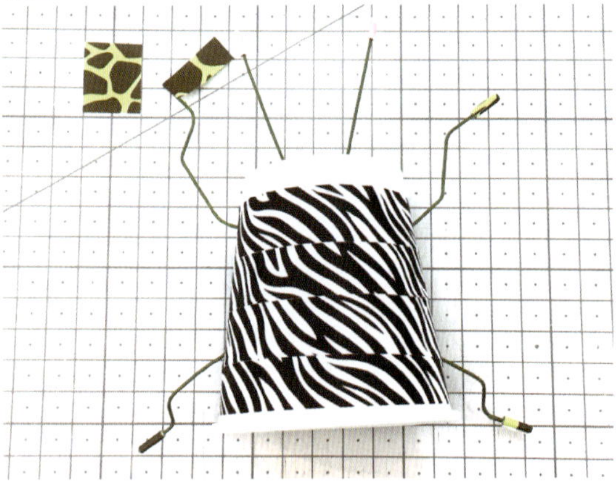

11

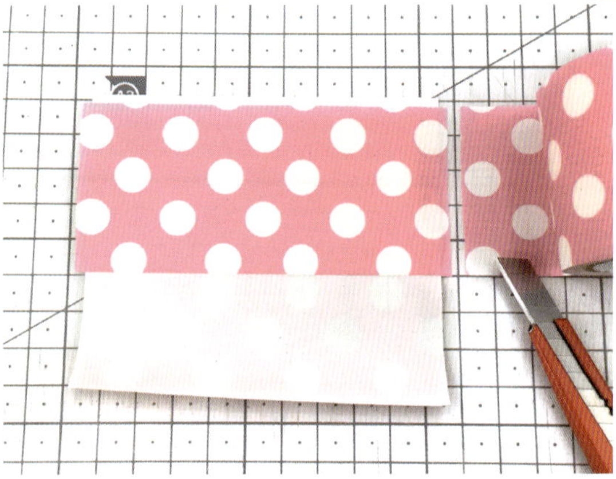

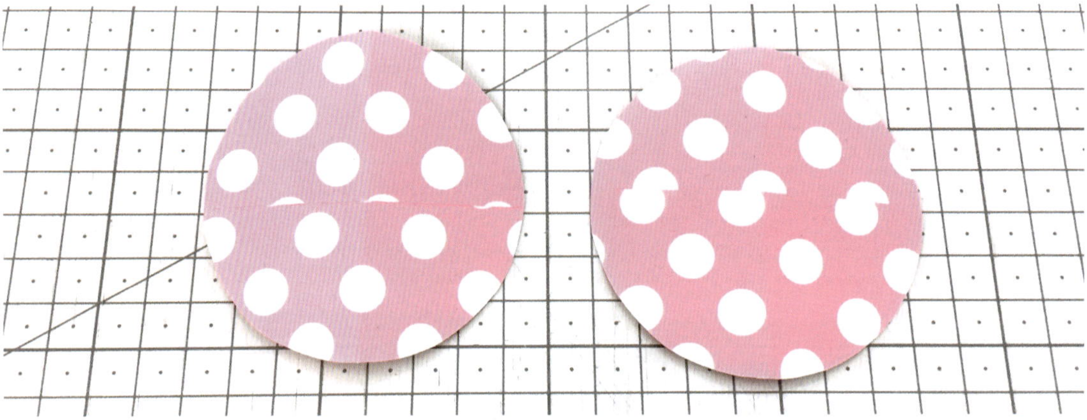

12

10 철사를 구부려서 다리를 만든 뒤, 테이프를 작게 잘라 다리와 더듬이 끝부분에 붙입니다.

11 종이를 가로 10cm 세로 10cm 크기로 자른 뒤 앞, 뒷면 모두 테이프를 붙입니다.

12 원형으로 잘라서 날개 2개를 만듭니다.

13

14

13　날개를 반으로 접은 뒤, 접힌 부분의 위쪽 끝 동그라미 부분에 스테이플러를 찍습니다.

14　양면테이프 등을 이용하여 무빙 아이와 날개를 종이컵에 붙입니다.

완성　빨대에 끈을 끼워 끈 위쪽을 고정하고, 아래쪽 끈을 교차로 당겨주면 움직이는 무당벌레가 완
　　　성됩니다.

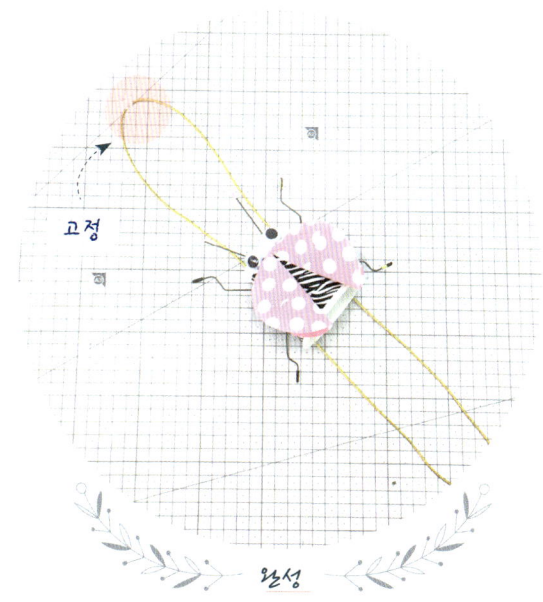

고정

완성

opp 비닐봉지
물고기

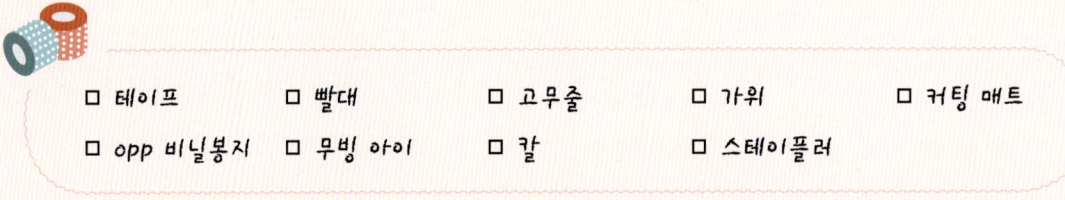

01

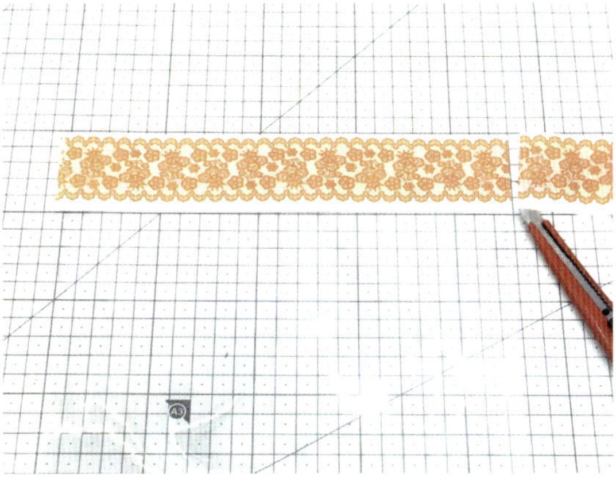

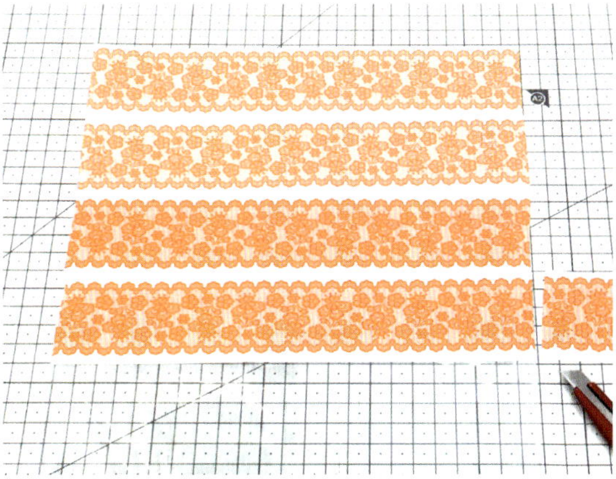

02 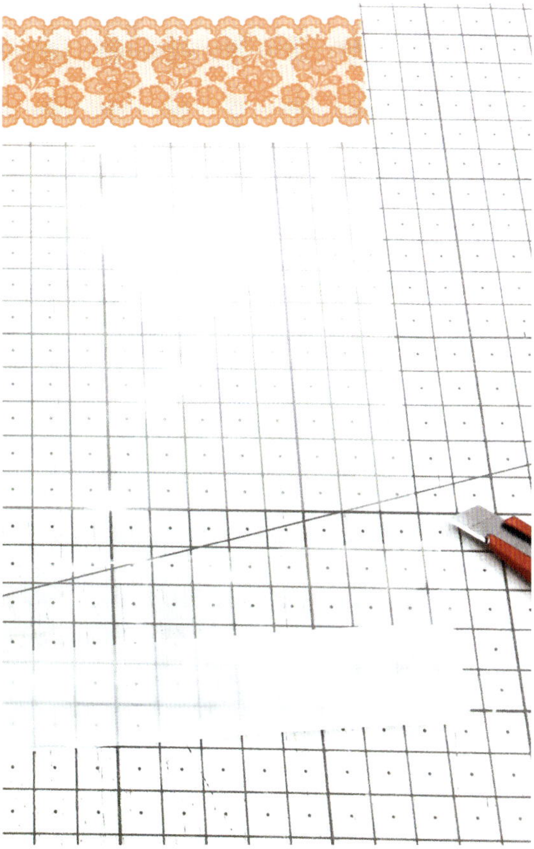   03

01   A4 크기의 opp 비닐봉지에 테이프를 붙입니다. 테이프를 자를 때에는 opp 비닐봉지가 잘리지
      않게 조금 여유를 두고 자릅니다.

02   테이프는 최대한 겹치지 않게 4줄 붙입니다.

03   opp 비닐의 아래쪽에 접착 부위가 있는 경우 약 5cm 정도 잘라냅니다.

04

05

06

04   사진처럼 opp 비닐의 끝부분에만 테이프를 1줄 붙입니다. (같은 방법으로 뒷면도 붙입니다.)

05   다른 색상의 테이프를 23cm 길이로 자릅니다.

06   폭 1cm의 크기로 잘라 사진처럼 테이프 사이에 붙입니다.

07

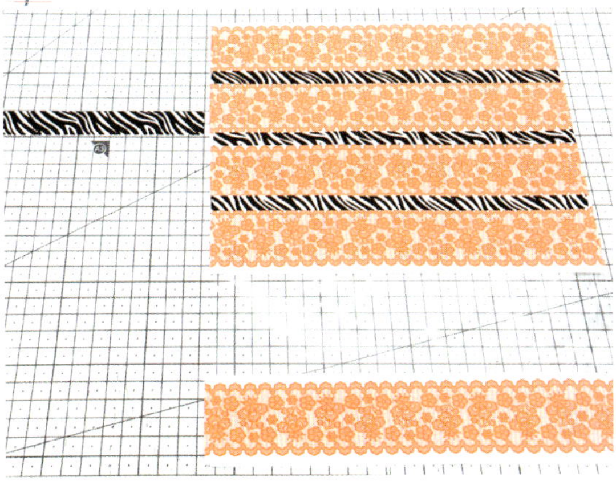

08

09

07 3~4줄 정도 붙여서 물고기의 무늬를 만듭니다.

08 테이프를 15cm 길이로 자릅니다.

09 자른 테이프를 반 접어 붙입니다.

10

11

12

10	사진과 비슷한 모양으로 잘라 지느러미를 만듭니다.
11	테이프를 붙인 opp 비닐을 가로로 놓은 뒤, 사진과 같은 위치에 지느러미와 무빙 아이를 붙입니다.
12	opp봉투의 모서리를 눌러서 사진과 같은 모양이 되도록 접습니다.

13

14

13   세워진 모서리를 접은 뒤 스테이플러로 여러 번 찍습니다.

14   opp 비닐봉지 안쪽에 빨대를 넣습니다.

완성   테이프를 붙이지 않은 부분을 고무줄로 묶고 빨대로 살살 바람을 불어 완성합니다.

완성

도안을 활용한
입체 고래

- □ 테이프
- □ 도안
- □ 무빙 아이
- □ 칼
- □ 가위
- □ 커팅 매트

☑ 준비되어 있다　　□ 준비되어 있지 않다

01

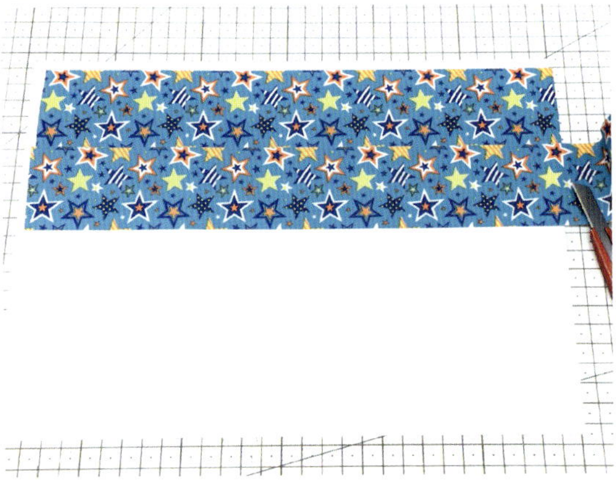

02

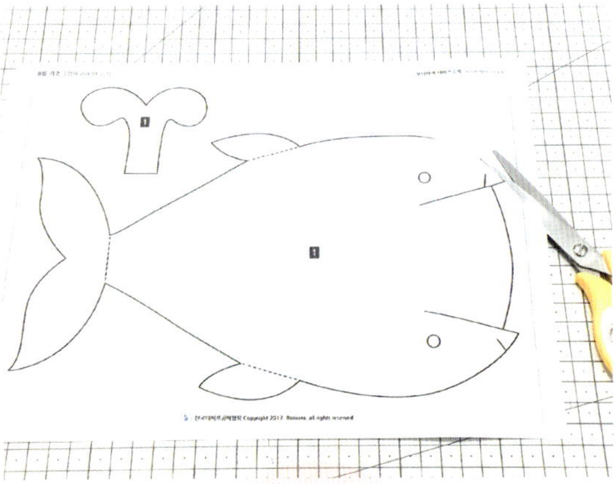

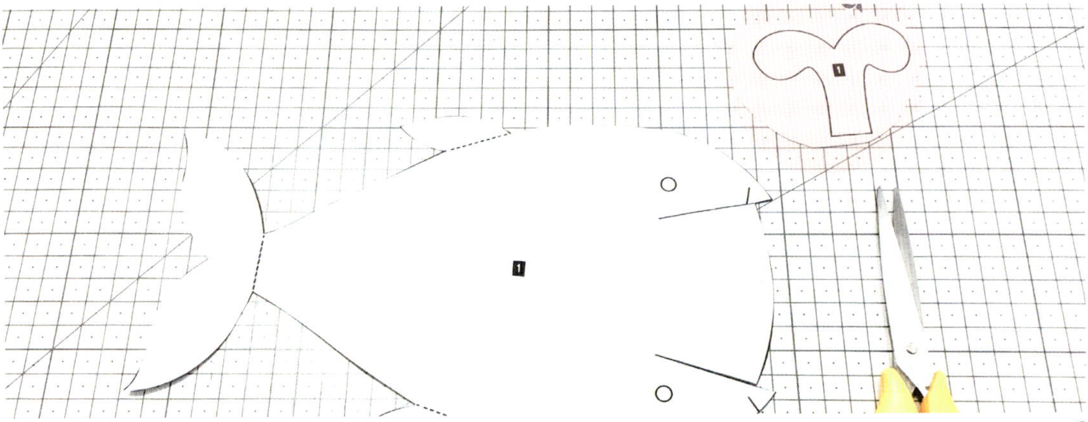

03

01 도안의 뒷면에 테이프를 붙입니다.

02 도안을 뒤집은 뒤, '고래만' 검은색 선을 따라 자릅니다.

03 물줄기 도안은 검은색 선을 따라 자르지 않습니다.

04

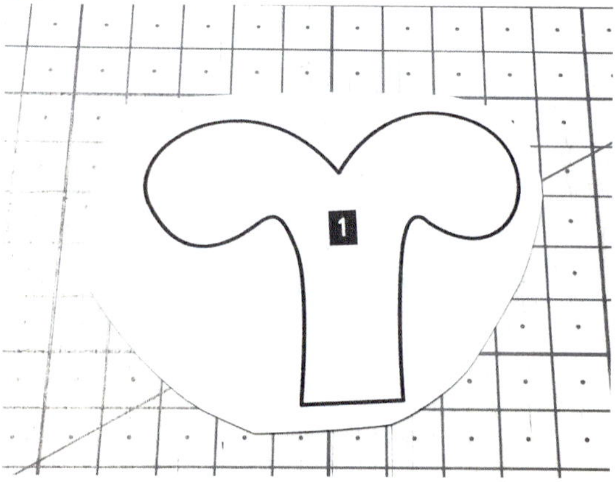

05

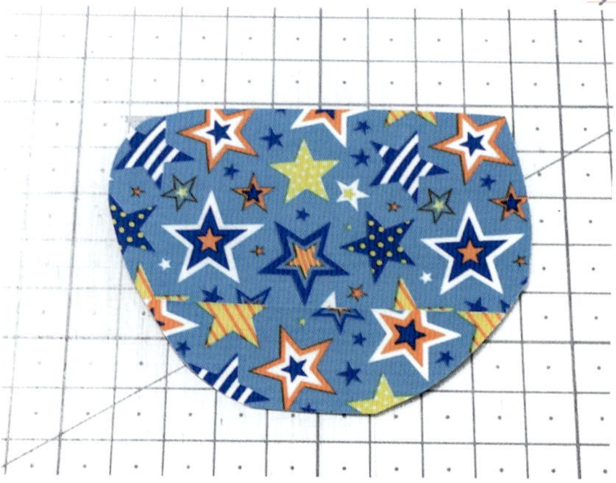

06

04 물줄기 도안을 검은색 선보다 여유 있는 크기로 자릅니다.

05 물줄기 도안을 뒤집습니다.

06 다른 색상의 테이프를 덧붙입니다.

07

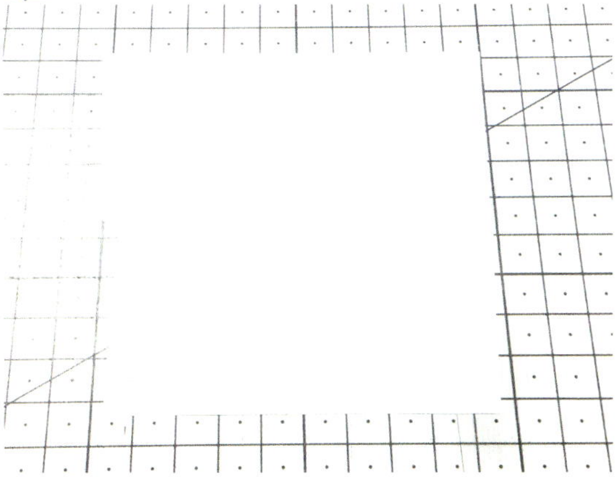

08

09

07   처음 붙였던 테이프가 보이지 않게 여유 있게 붙입니다.

08   다시 뒤집은 뒤, 검은색 선을 따라 자릅니다.

09   테이프를 0.5cm 이하의 폭으로 얇게 자릅니다.

10

11

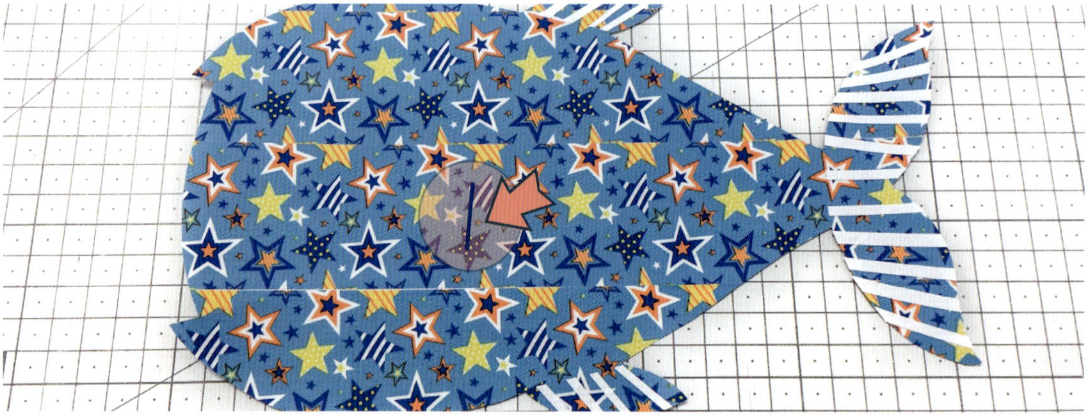

12

10   고래의 꼬리와 지느러미 부분에 붙입니다.

11   튀어 나온 부분은 칼로 자릅니다.

12   고래의 등 가운데에 2cm 정도 칼 선을 만듭니다.

13 칼 선에 물줄기를 1cm 정도 꽂습니다.

14 고래를 뒤집은 뒤, 물줄기 부분에 테이프를 붙여서 고정합니다.

완성 도안대로 끼워서 고래를 만들고 무빙 아이를 붙여서 완성합니다.

완성

도안을 활용한
나비 볼펜

- ☐ 테이프
- ☐ 볼펜
- ☐ 칼
- ☐ 스테이플러
- ☐ 도안
- ☐ 철사
- ☐ 가위
- ☐ 커팅 매트

☑ 준비되어 있다   ☐ 준비되어 있지 않다

01

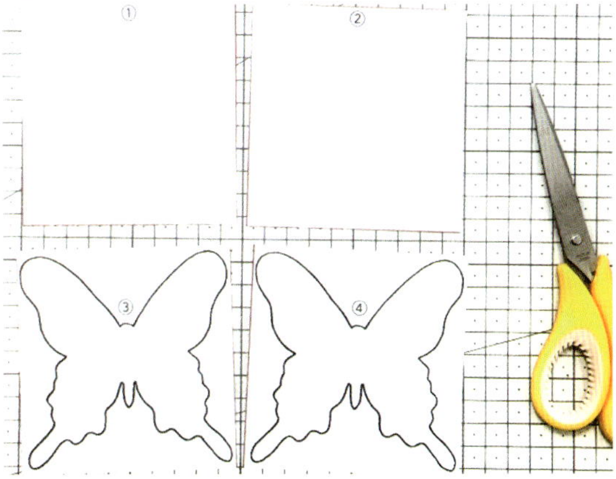

02

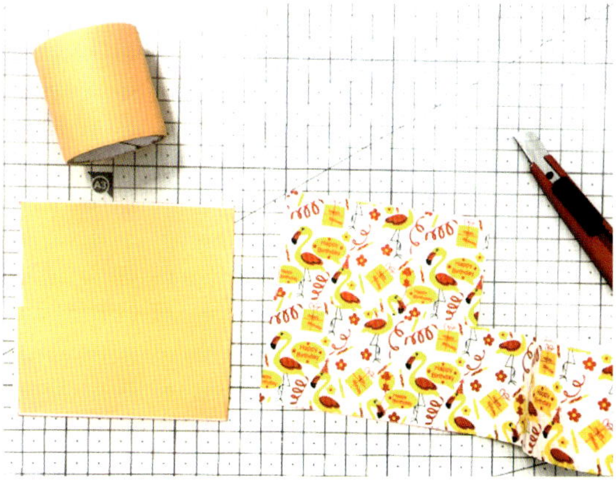

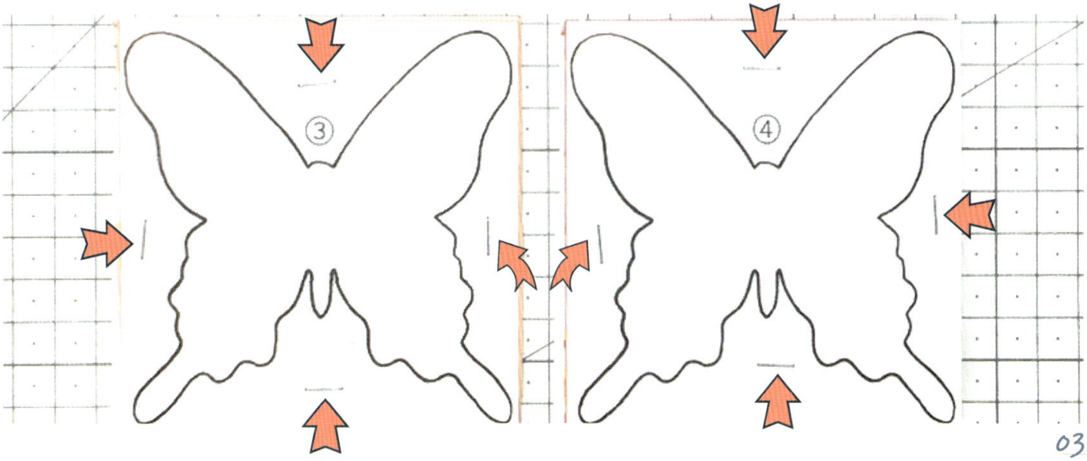

03

01   도안을 사각형 모양으로 자릅니다. 나비모양은 자르지 않습니다.

02   1번과 2번 도안의 앞, 뒷면 모두 테이프를 붙입니다.

03   테이프를 붙인 1번, 2번 도안 위에 나비 도안을 올린 뒤, 여백 부분을 스테이플러로 고정합니다.

04

05 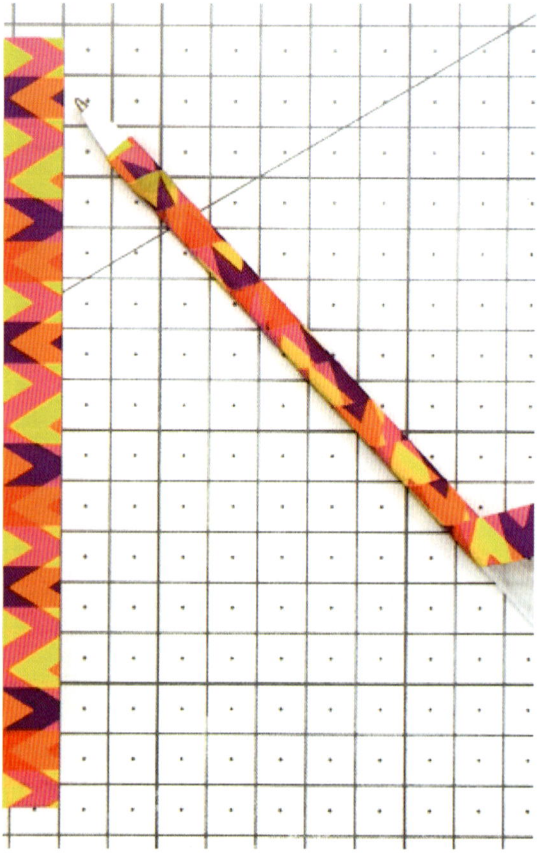   06

04   도안의 검은색 선을 따라 나비 모양으로 자릅니다.

05   나비 2마리를 포갠 뒤 가운데부터 꼬리 부분까지 스테이플러로 찍어서 고정합니다.

06   테이프를 길이 15cm 폭 1cm 크기로 길게 잘라 볼펜에 감아서 붙입니다.

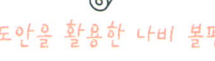

07   08

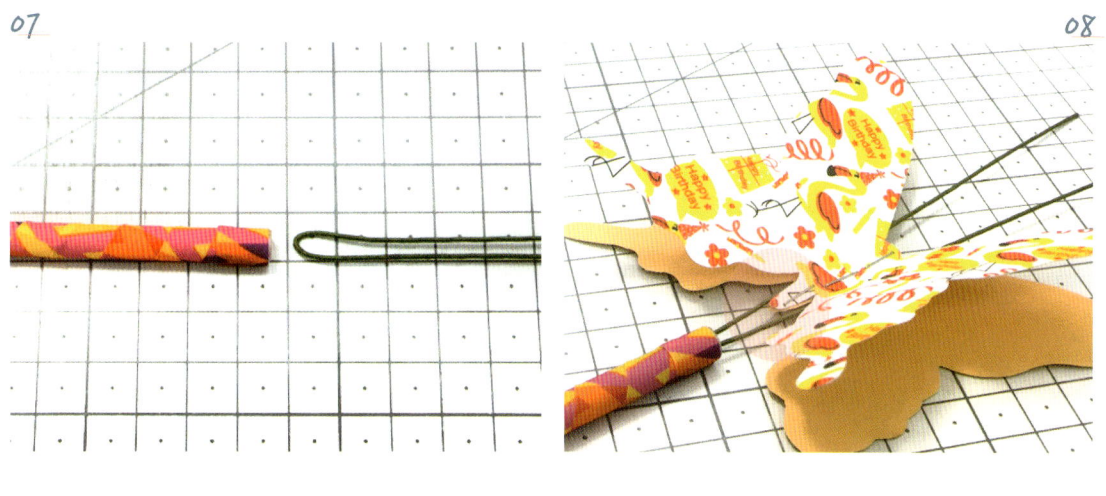

07   35cm 길이의 철사를 반으로 접어 볼펜 끝 안쪽으로 2cm 정도 밀어 넣습니다.

08   두 장의 나비 사이에 철사를 끼워 고정한 뒤, 나비의 꼬리를 볼펜 안쪽으로 넣습니다.

완성   철사(동그라미 부분)를 2번 정도 꼬아서 고정한 뒤, 더듬이를 만들어 완성합니다.

완성

도안을 활용한
토끼 가족

□ 테이프   □ A4 용지   □ 칼   □ 스테이플러

□ 도안   □ 무빙 아이   □ 가위   □ 커팅 매트

☑ 준비되어 있다   □ 준비되어 있지 않다

 난이도 : ★☆☆☆☆   ⏱ 소요시간 : 30분   🧰 테이프 소요량 : 300cm

01

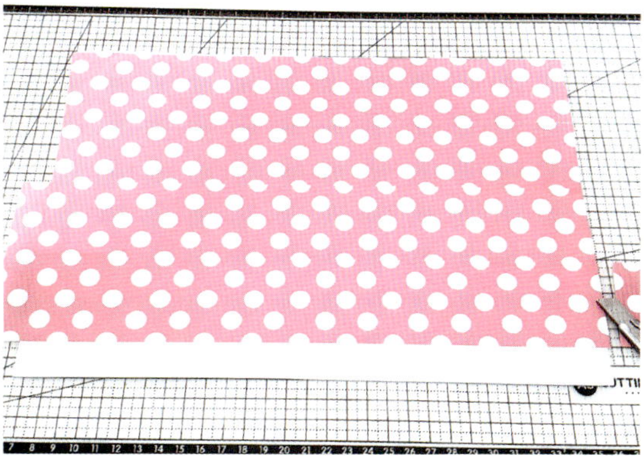

02

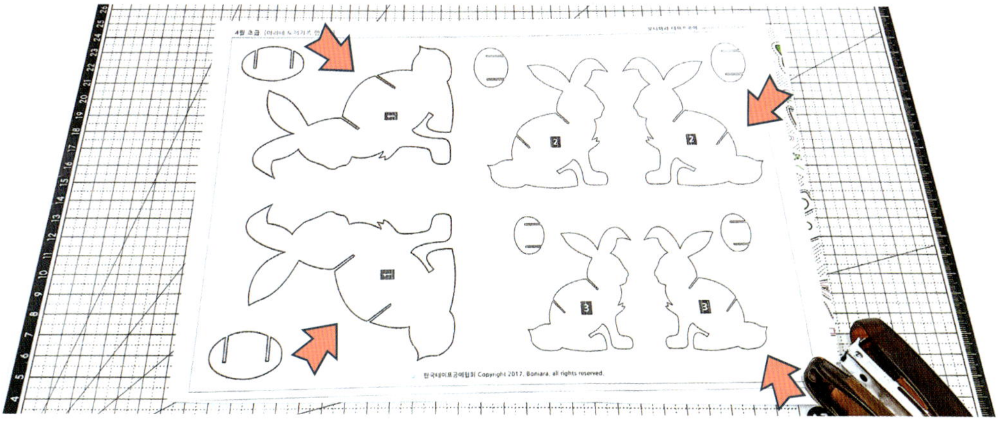

03

01   A4 용지 앞면에 테이프를 붙입니다.

02   뒷면에도 테이프를 붙입니다.

03   테이프를 붙인 A4 용지 위에 도안을 올린 뒤, 여백 부분을 스테이플러로 고정합니다.

04

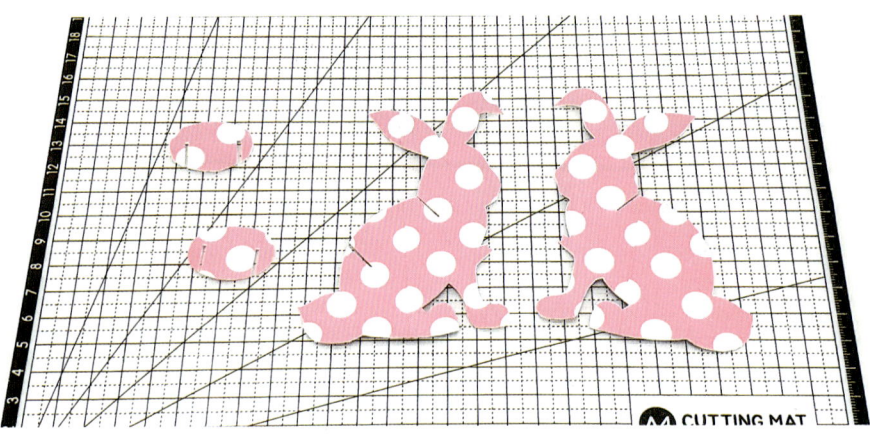

04 검은색 선을 따라 자릅니다.

완성 도안의 홈에 조각을 끼워 토끼를 완성합니다.

완성

Q : 보니아라 테이프는 어디서 구매할 수 있나요?

보니아라 홈페이지에서 구매할 수 있습니다. (www.boniara.com)

200p에 실려있는 토끼 가족 도안입니다.

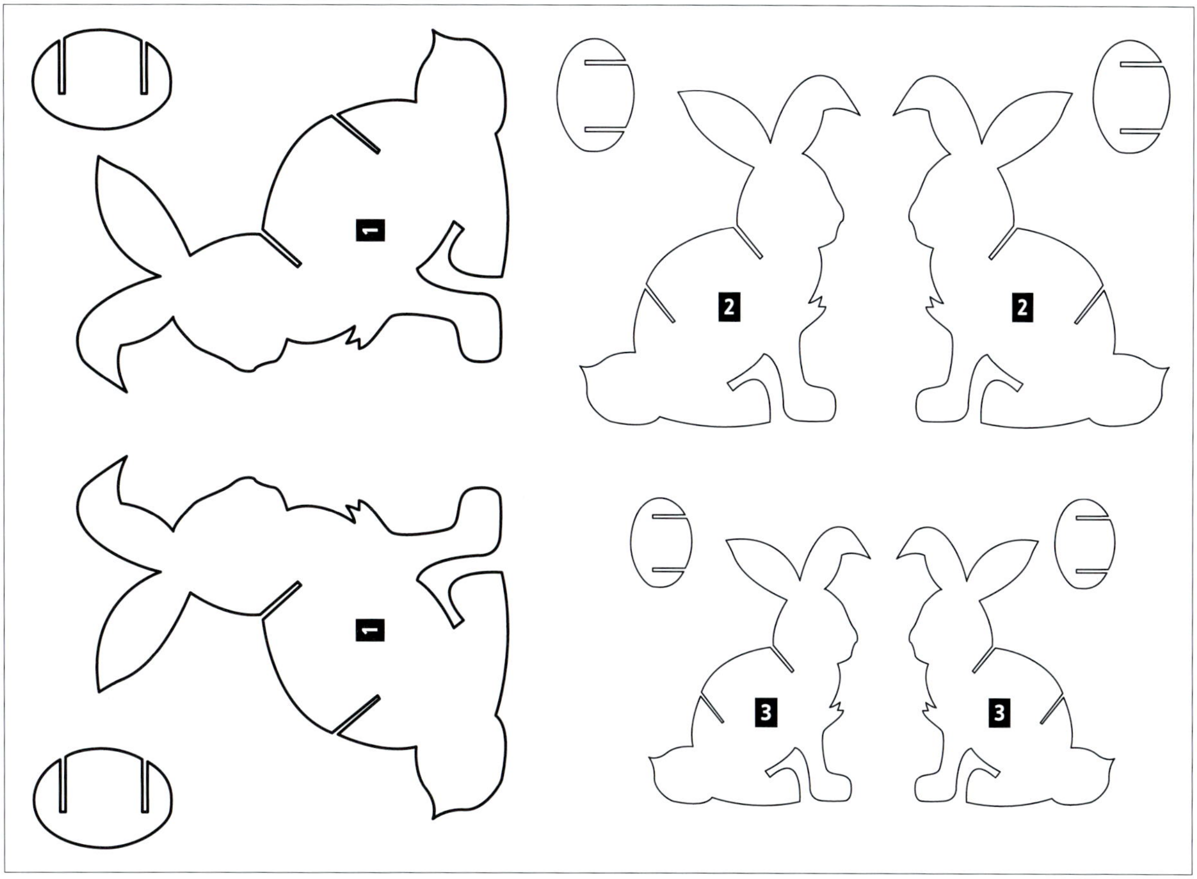

* 본 도안은 실제 크기보다 축소된 사이즈입니다.

□ 테이프 □ 휴지심 □ 무빙 아이 □ 칼 □ 스테이플러
□ 도안 □ 털 볼 □ 끈 □ 가위 □ 커팅 매트

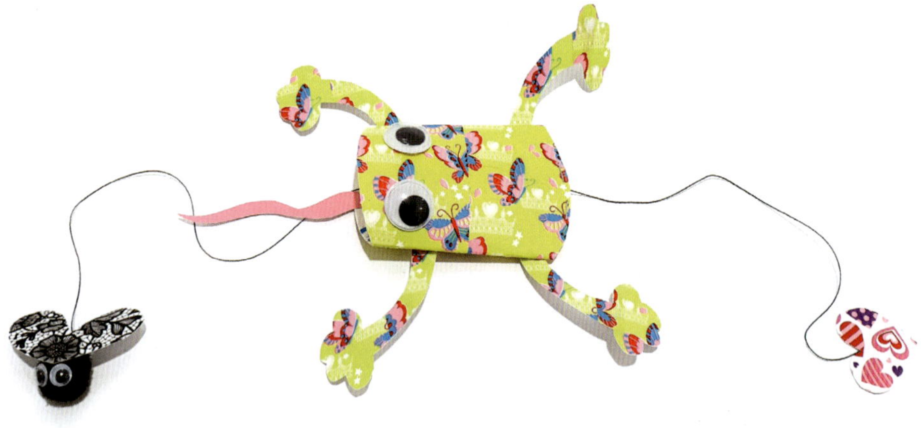

☑ 준비되어 있다 □ 준비되어 있지 않다

01

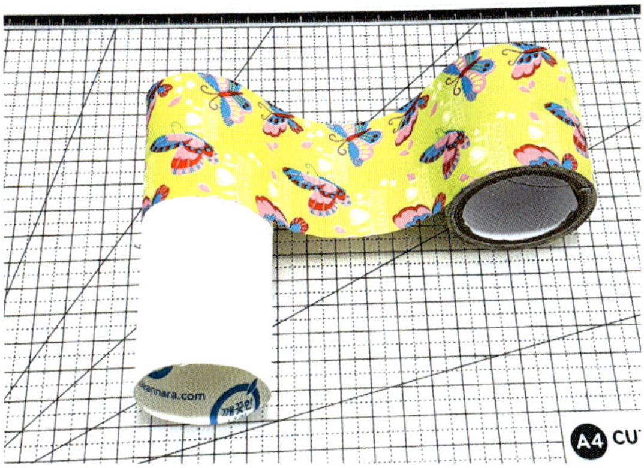

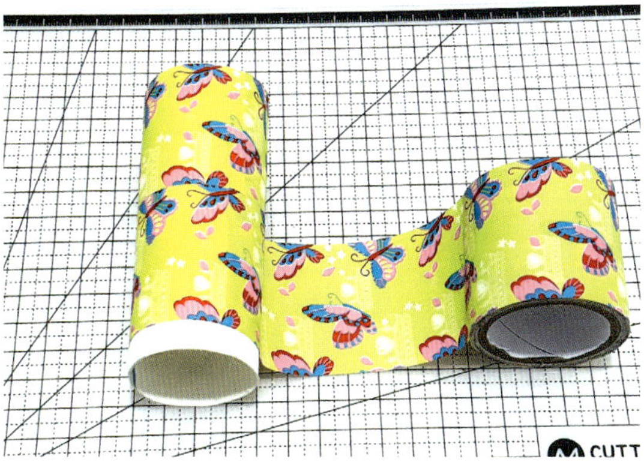

02

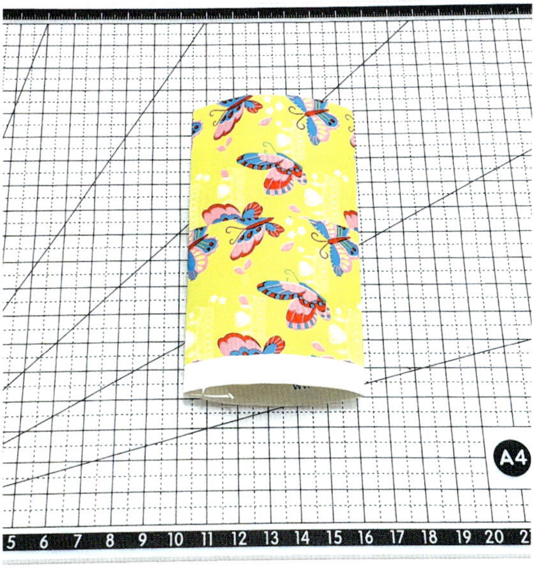

03

01	휴지심 위쪽에 테이프를 한 바퀴 돌려 붙입니다.
02	휴지심 아래쪽도 테이프를 한 바퀴 돌려 붙입니다.
03	휴지심 아래쪽의 남은 부분은 테이프를 붙이지 않습니다.

04

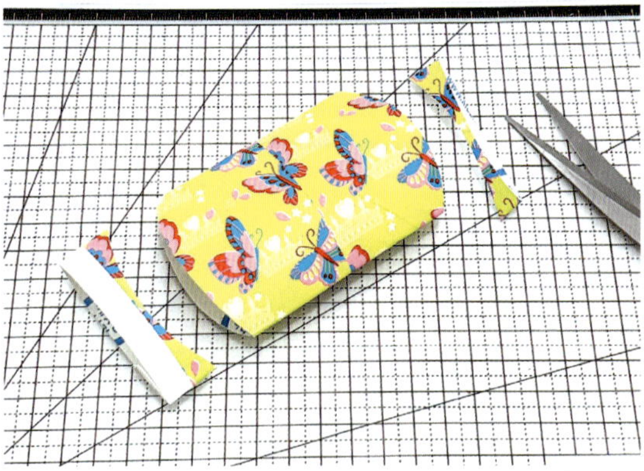

05

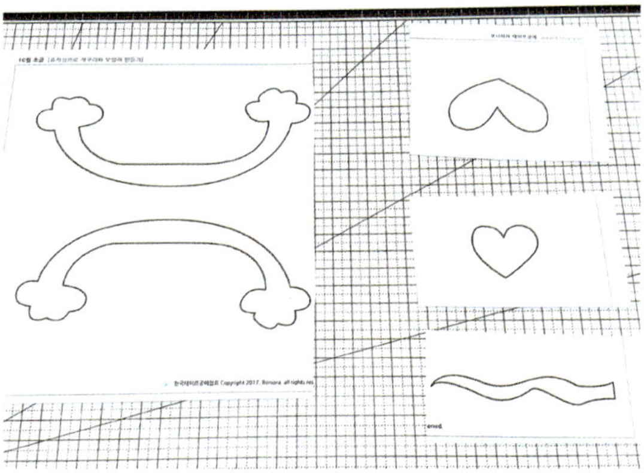

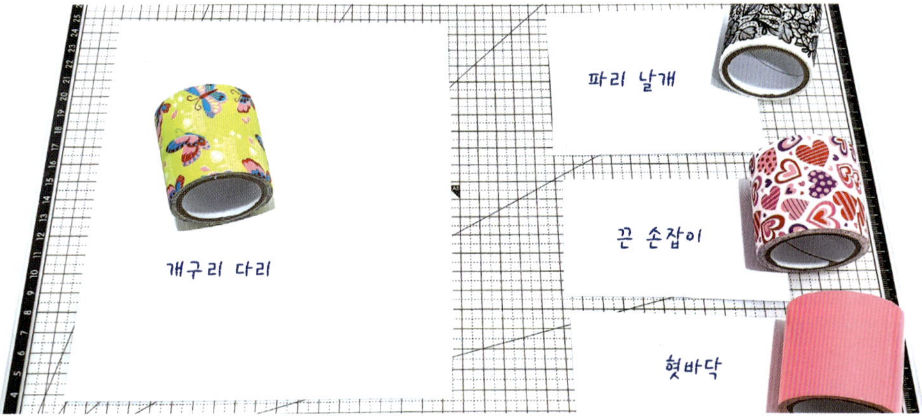

파리 날개

개구리 다리

끈 손잡이

혓바닥

06

04 휴지심의 위, 아래쪽을 둥글게 자릅니다.

05 도안을 사진처럼 4등분하여 자릅니다.

06 자른 도안을 뒤집어 놓은 뒤, 도안에 맞는 색상의 테이프를 고릅니다.

07

08

09

07   도안의 뒷면에 테이프를 붙입니다.

08   도안의 검은색 선을 따라 자릅니다.

09   휴지심으로 만든 개구리의 몸통에 다리와 혓바닥, 무빙 아이를 붙입니다.

10

11

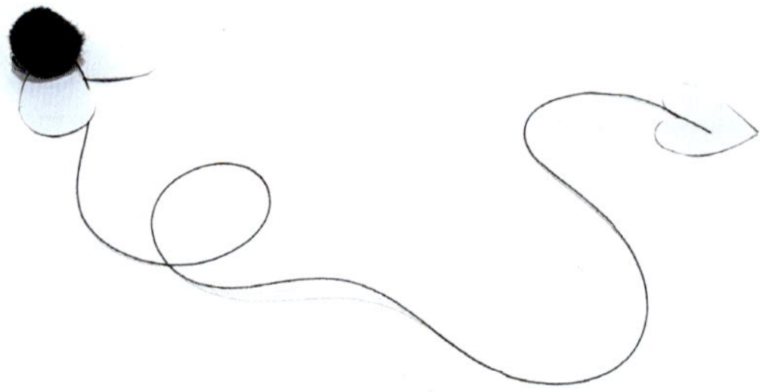

12

10　　　털 볼에 파리의 날개와 무빙 아이를 붙입니다.

11　　　파리의 날개 뒷면과 끈 손잡이 뒷면에 50cm 길이의 실을 붙여서 연결합니다.

12　　　끈 손잡이를 개구리의 몸통에 통과시킵니다.

13   개구리 엉덩이 양쪽에 스테이플러를 한 번 씩 찍어서 고정합니다.

완성   손잡이를 당기면 파리를 잡아 먹는 개구리가 완성됩니다.

완성

 보 니 아 라 테 이 프 소 개

빈티지플라워	비오는날	여름바다	가을자전거	크리스마스트리	스노우맨

  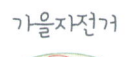  

팬시하트핑크	팬시하트블루	페이즐리오렌지	블루스타	레드스타	블랙스타

공룡놀이	오렌지코끼리	보라코끼리	블루코끼리	블랙코끼리그린	블랙코끼리레드

컬러링꿈나라	컬러링요술공주	컬러링플라워	컬러링나비&꽃	컬러링퍼플플라워	컬러링핑크플라워

도트핑크	도트블랙	도트민트	도트오렌지	스탬프	유니콘

풍선	파인애플	빨강	파랑	노랑	연두

* 테이프 1롤 : 500cm *

보니아라 테이프는 생활 방수가 가능하며 스위스 SGS 인증을 받은 안전한 제품입니다.

레이스블랙	레이스오렌지	플라워레드	플라워블루	미니하트옐로우	미니하트민트
옐로우버드	오렌지버드	나비그린톤	컬러링나비	핑크부엉이	블루부엉이
도형블루그린	도형지그재그	도형퍼플	도형핑크	도형그린톤	도형써클
큐트말풍선	레이싱	지브라블랙	지브라핫핑크	카모블루	기린패턴
알파벳	야옹이	네온하트	컵케익	토끼민트	곰돌이
핑크	화이트	민트	라이트그린	연보라	진보라

보니아라

테이프공예